Sabine Haveneth, Klaus Richter

Vorbereiten auf Ausbildung und Beruf
Deutsch

3. Auflage

Bestellnummer 290669

Zusatzmaterialien zu „**Vorbereiten auf Ausbildung und Beruf. Deutsch**"

Für Lehrerinnen und Lehrer

Lösungen zum Schulbuch: 978-3-14-290683-6
Lösungen zum Schulbuch Download: 978-3-14-290681-2

BiBox Einzellizenz für Lehrer/-innen (Dauerlizenz)
BiBox Klassenlizenz Premium für Lehrer/-innen und
bis zu 35 Schüler/-innen (1 Schuljahr)
BiBox Kollegiumslizenz für Lehrer/-innen (Dauerlizenz)
BiBox Kollegiumslizenz für Lehrer/-innen (1 Schuljahr)

Für Schülerinnen und Schüler

BiBox Einzellizenz für Schüler/-innen (1 Schuljahr)
BiBox Klassensatz PrintPlus (1 Schuljahr)

© 2024 Westermann Berufliche Bildung GmbH, Ettore-Bugatti-Straße 6-14, 51149 Köln
www.westermann.de

Das Werk und seine Teile sind urheberrechtlich geschützt. Jede Nutzung in anderen als den gesetzlich zugelassenen bzw. vertraglich zugestandenen Fällen bedarf der vorherigen schriftlichen Einwilligung des Verlages. Nähere Informationen zur vertraglich gestatteten Anzahl von Kopien finden Sie auf www.schulbuchkopie.de.

Für Verweise (Links) auf Internet-Adressen gilt folgender Haftungshinweis: Trotz sorgfältiger inhaltlicher Kontrolle wird die Haftung für die Inhalte der externen Seiten ausgeschlossen. Für den Inhalt dieser externen Seiten sind ausschließlich deren Betreiber verantwortlich. Sollten Sie daher auf kostenpflichtige, illegale oder anstößige Inhalte treffen, so bedauern wir dies ausdrücklich und bitten Sie, uns umgehend per E-Mail davon in Kenntnis zu setzen, damit beim Nachdruck der Verweis gelöscht wird.

Druck und Bindung: Westermann Druck GmbH, Georg-Westermann-Allee 66, 38104 Braunschweig

ISBN 978-3-14-**290669**-0

Vorwort

Dieses Buch soll junge Menschen darin unterstützen, ihre sprachlichen Fähigkeiten weiterzuentwickeln und zu festigen. Es ist Bestandteil der Reihe „Vorbereiten auf Ausbildung und Beruf" und wurde speziell für die Arbeit in berufsvorbereitenden Schularten beruflicher Schulen entwickelt.

Die Inhalte basieren auf den Bildungsstandards der Kultusministerkonferenz für den Hauptschulabschluss. Der vorliegende Band eignet sich damit sowohl für die grundsätzliche Arbeit in der Berufsvorbereitung und zur Weiterentwicklung der Ausbildungsreife als auch zur Vorbereitung auf Prüfungen, die zum Hauptschulabschluss führen.

Jedes Kapitel beginnt mit einer Übersichtsseite. Sie informiert über den Inhalt dieses Teils und ermöglicht die gezielte Orientierung an Themen. Die Umsetzung der fachlichen Inhalte wurde an der Lebenswelt junger Menschen orientiert, die sich auf die Arbeitswelt vorbereiten wollen. Texte und Aufgaben wurden dabei so formuliert und angeordnet, dass sowohl der Einsatz im Unterricht als auch die eigenständige Arbeit mit dem Buch möglich sind.

Bei der Formulierung wurde soweit wie möglich auf eine Sprache geachtet, die alle Geschlechter gleichermaßen anspricht, die aber die Lesbarkeit für leseungeübte junge Menschen erhält.

Das Autorenteam und der Verlag freuen sich über Verbesserungsvorschläge und Anregungen.

Autorenteam und Verlag

In diesem Buch werden immer wiederkehrende Symbole und Elemente verwendet. Sie dienen dazu, den Überblick zu behalten:

Aufgaben

Lesetext

Zusatz-
informationen
und -aufgaben

Zusammen-
fassung

Informationen

Merke

Inhaltsverzeichnis

1 In der Schule arbeiten 7

    1.1   Sich vorstellen 8
    1.2   Den Alltag in der Schule organisieren 10
    1.3   Teamfähigkeit üben 11
    1.4   Rechtschreibung: Groß- und Kleinschreibung üben 14
    1.5   Texte lesen und verstehen 19

2 Berufe kennenlernen 23

    2.1   Ziele bestimmen 24
    2.2   Ausbildungen recherchieren und vergleichen 27
    2.3   Die Wunschausbildung vorstellen 31

3 Sich bewerben 33

    3.1   Inhalte einer vollständigen Bewerbung kennenlernen ... 34
    3.2   Das Bewerbungsschreiben formulieren 35
    3.3   Der Lebenslauf erstellen 38

4 Beruflich kommunizieren 43

    4.1   Informationen mündlich weitergeben 45
    4.2   Schriftlich berichten 49
    4.3   Das Berichtsheft führen 53
    4.4   Ein Gesprächsprotokoll schreiben 54

5 Beschreiben 57

    5.1   Meine Umgebung beschreiben 58
    5.2   Tätigkeiten beschreiben 60
    5.3   Schaubilder beschreiben 61

6 Stellung beziehen 65

    6.1   Die Perspektive beachten 66
    6.2   Argumente sammeln 67
    6.3   Richtig diskutieren, Kritik angemessen äußern 69
    6.4   Ein Statement abgeben 69

7 Umgang mit Medien ... 73

- 7.1 Einen Film bewerten ... 74
- 7.2 Recherchieren ... 77
- 7.3 Eine Präsentation erstellen und halten ... 78
- 7.4 Digitale Kommunikationswege nutzen (E-Mail, Social Media, Messenger-Dienste) ... 80
- 7.5 Grenzen der digitalen Kommunikation kennen und beachten ... 82

8 Kreativ schreiben ... 87

- 8.1 Was ist Kreativität? ... 89
- 8.2 Grundübungen ... 89
- 8.3 Einen Text fortsetzen ... 91
- 8.4 Einen Tagebucheintrag schreiben ... 93
- 8.5 Ein Gedicht oder einen Liedtext schreiben ... 96

Grammatikexkurs ... 98
Sachwortverzeichnis ... 100
Literaturverzeichnis ... 103
Bildquellenverzeichnis ... 104

1 In der Schule arbeiten

1.1 Sich vorstellen  Steckbrief erstellen

1.2 Den Alltag in der Schule organisieren  Unterricht stressfrei gestalten

1.3 Teamfähigkeit üben  Wir-Gefühl schaffen

1.4 Rechtschreibung: Groß- und Kleinschreibung üben  Substantive und substantivierte Wortarten erkennen

1.5 Texte lesen und verstehen  Lesestrategie entwickeln

1.1 Sich vorstellen

Um in der Schule mit allen Mitschülerinnen und Mitschülern sowie den Lehrkräften vertrauensvoll zusammenarbeiten zu können, ist es zunächst wichtig, sich gegenseitig vorzustellen. Man kann davon ausgehen, dass in der Regel alle bei der ersten Vorstellung Sympathie für sich erwecken und ihre Persönlichkeit zum Ausdruck bringen möchten. Durch Freundlichkeit und Höflichkeit drücken Sie dabei die Wertschätzung für Ihr Gegenüber aus.

Die Vorstellung der eigenen Person geschieht vereinbarungsgemäß nach einem abgestimmten „Muster", das neben der Angabe des Vor- und Zunamens z. B. das Alter oder schulische bzw. berufliche Vorerfahrungen umfassen kann. Sehr häufig werden sogenannte **Steckbriefe** genutzt, die zum Teil auch ungewöhnliche Fragestellungen umfassen können. So kann beispielsweise gefragt werden, welche Menschen die eigene Person inspirieren können.

Sich vorstellen ·· 9 ··

Um die Vorstellungsrunde kommunikativ und motivierend zu gestalten, werden die Steckbriefe häufig bei gegenseitigen Befragungen in Partner- oder Kleingruppenarbeit ausgefüllt. Dabei kann auch der bildlichen Gestaltung der Steckbriefe besondere Aufmerksamkeit geschenkt werden.

Dein Name:	
Chris Hopert	

Dein Geburtsort: Braunschweig
Was isst du gern? alles, saisonbedingt
Was trinkst du gern? Wasser, Apfelsaft
Was hörst du gern? kein Radio, Hörbücher, Rock, ACDC
Was riechst du gern? Waldduft, Meeresduft
Was liest du gern? Zeitung, Krimis, Romane, Fantasy
Wohin in den Urlaub?
Berge/Skifahren, Inseln im Sommer

Beispiel für einen Steckbrief zur gegenseitigen Vorstellung in der Schulklasse

Anmerkungen zum Steckbrief:

- Die Lernenden sollen sich in Partnerarbeit gegenseitig interviewen.
- Die letzte W-Frage für dieses Partnerinterview soll von der fragenden Person selbst gewählt werden.
- Nach Beendigung des Interviews wird auf der Basis der Antworten von der fragenden Person ein Bild in den vorgegebenen Rahmen gemalt (z. B. können die in den Antworten vorkommenden Gegenstände gemalt werden).
- Zum Abschluss werden die Antworten und das Bild jeweils von den Zweierteams vor der gesamten Klasse (also nicht vom Platz aus) präsentiert.

In der Schule arbeiten

Wurden alle Klassenmitglieder vorgestellt, kann als eine Art der Ergebnissicherung gemeinsam in Kleingruppen jeweils ein großes **Plakat** erstellt werden, auf dem z. B. die Steckbriefe ansprechend angeordnet und ergänzende Texte und/oder Fotos mit aufgenommen werden. Zunächst sollten Sie dabei in der Kleingruppe überlegen, **was** alles auf dem Plakat erscheinen soll. Danach geht es um die Frage, **wie** Texte, Abbildungen, Fotos usw. sinnvoll angeordnet werden sollten, um die Klassengemeinschaft ansprechend zu präsentieren.

Bei der Gestaltung eines Plakats sollten auch die visuellen Aspekte beachtet werden, um ein optimales Ergebnis zu erreichen. Als **gestalterische Elemente** sind zu berücksichtigen:

a) bei der Gestaltung des Textes:
- Schriftart,
- Schriftgröße,
- Schrifthervorhebungen (z. B. Fettdruck, Zentrierung),
- Zeilenabstand,
- Randgröße,
- Bildung von Überschriften und Teilüberschriften,
- Einplanung von Absätzen.

b) bei der Anordnung von Abbildungen, Fotos oder farbigen Moderatorenkarten:
- Forme(n) – insbesondere bei Nutzung von Moderatorenkarten,
- Farbe(n),
- Verbindungslinien, Beziehungspfeile,
- Nutzung von Filzstiften mit unterschiedlichen Filzbreiten,
- Ergänzungen z. B. durch Skizzen und malerische Elemente.

AUFGABEN

❶ Erstellen Sie in Kleingruppen Plakate mit den vorzustellenden Steckbriefen.

❷ Sie beschließen im Klassenteam, die erstellten Plakate zu bewerten. Entwerfen Sie dazu einen entsprechenden Bewertungsbogen, in dem die aus Ihrer Sicht wichtigsten Bewertungsmerkmale aufgelistet werden.

1.2 Den Alltag in der Schule organisieren

Damit der Beginn des Unterrichts **stressfrei** erfolgen kann, ist es wichtig, pünktlich bei Unterrichtsbeginn anwesend zu sein. Um wertvolle Zeit vor Unterrichtsbeginn sparen zu können, sollten Sie daher Ihren optimalen Schulweg auskundschaften.

Schon am Vorabend des Unterrichtstags sollten die notwendigen **Unterrichtsmaterialien** zusammengestellt werden. Achten Sie dabei darauf, die vorher erhaltenen Fotokopien o. Ä. sinnvoll zu ordnen und einzusortieren – auch dies kann den relativ stressfreien Unterrichtsbeginn am Folgetag ermöglichen. Selbstverständlich ist zu überprüfen, ob Sie auch alle Hausaufgaben in der gebotenen Sorgfalt erledigt haben.

Zur Organisation des Schulalltags gehört es auch, für die Pausenzeiten etwas Gesundes zur Verfügung zu haben.

Bei der Auswahl der Getränke sollte darauf geachtet werden, dass sie möglichst wenig Zucker enthalten.

AUFGABEN

1. Sie möchten im Unterrichtsalltag möglichst stressfrei lernen können, um einen optimalen Lernerfolg zu erzielen. Welche Maßnahmen könnten Ihrer Ansicht nach dazu von Ihnen ergriffen werden? Erstellen Sie in Zweierteams eine entsprechende Liste.

2. Damit Sie Ihren Lernerfolg in der Schule steigern können, überlegen Sie, wie Ihr häuslicher Arbeitsplatz optimal gestaltet werden sollte, ohne dass es zu viel kostet. Stellen Sie in Zweierteams geeignete Maßnahmen zusammen.

1.3 Teamfähigkeit üben

Im Unterrichtsalltag stellt sich schnell heraus, dass es vorteilhaft ist, **Teams zu bilden**, um eine gestellte Aufgabe in Zusammenarbeit zu lösen. Jedes Mitglied eines Teams weist spezielle Fähigkeiten und Kenntnisse auf, die gemeinschaftlich genutzt werden können, um ein gemeinsames **Gruppenziel** zu verfolgen. Um dieses Ziel zu erreichen, kommt es auf die Ausprägung eines **Wir-Gefühls** an. Es werden dabei hohe Anforderungen an die Kommunikationsbeziehungen der Teammitglieder gestellt. Hierzu gehören Offenheit, Höflichkeit und Fairness, Transparenz bei Entscheidungsabläufen sowie Akzeptanz unterschiedlicher Sichtweisen.

In der Schule arbeiten

Die Arbeitsleistung eines Teams ist **mehr** als die Summe der Einzelleistungen der einzelnen Personen. Man geht dabei von sogenannten **Synergieeffekten** aus. Dies ist die Wirkung, die aus dem Zusammenschluss mehrerer Teammitglieder hervorgeht. Dieses Phänomen wird durch die Formel „2 + 2 = 5" bildhaft ausgedrückt.

Damit die Teamarbeit auch wirklich optimal verläuft, ist es wichtig, sich auf bestimmte **Teamregeln** zu einigen und die **Rolle** der einzelnen Teammitglieder zu bestimmen. In der Regel wird auch eine **Teamleiterin** bzw. ein **Teamleiter** gewählt. Für die verschiedenen Rollen bei der Teamarbeit haben sich bestimmte Fachbegriffe für diese Rollen herausgebildet.

> Beispiele für diese **Rollen** sind:
> - **Protokollantin/Protokollant:** Diese Person hält Entscheidungen und Ergebnisse schriftlich fest.
> - **Materialmanagerin/Materialmanager:** Dieses Teammitglied sorgt dafür, dass alle notwendigen Materialien in ausreichendem Maße jederzeit zur Verfügung stehen.
> - **Zeitwächterin/Zeitwächter:** Diese Person achtet darauf, dass die vereinbarten Arbeits- und Pausenzeiten eingehalten werden.
> - **Wadenbeißerin/Wadenbeißer:** Dieses Teammitglied achtet auf die Einhaltung der vorher schriftlich festgelegten Teamarbeitsregeln.

Treten bei der Teamarbeit **Konflikte** auf, kann das Team auch eine **Moderatorin**/einen **Moderator** bestimmen, die bzw. der die Konfliktaussprache **aus neutraler Sicht** nach festgelegten Regeln organisiert.

> **AUFGABEN**
>
> ❶ Teamarbeit bedeutet für alle Teammitglieder, dass man miteinander höflich und zielgerichtet sprechen kann. Worauf sollte bei diesem Miteinandersprechen im Einzelnen geachtet werden? Sammeln Sie dazu wichtige Gesichtspunkte (Beispiel: andere Teammitglieder aussprechen lassen).
>
> ❷ Bei der Kommunikation zwischen den Teammitgliedern wird es auch einmal zu kurzen **Berührungen** kommen, um z. B. Zustimmung auszudrücken. Man spricht bei diesen kommunikativen Berührungen von der sogenannten **taktilen Kommunikation**. Beschreiben Sie weitere mögliche Anlässe für diese Art der taktilen Kommunikation.

Am Ende der Teamarbeit ist es wichtig, erstellte Arbeitsergebnisse noch einmal in Ruhe zu überprüfen. Dies ist die **Reflexion** der Arbeitsergebnisse. Wurde vorher arbeitsteilig in unterschiedlichen Teams gearbeitet, ist es ebenfalls wichtig, den Mitgliedern der anderen Teams ein **Feedback**, das ist eine Rückmeldung, zu ihren Ergebnissen zu geben.

Für ein gutes Feedback haben sich die folgenden **Feedbackregeln** bewährt:

1. **Hören Sie immer aufmerksam zu.**
   Bevor Sie Kritik an den Arbeitsergebnissen einer anderen Person üben oder ein Feedback geben, ist es wichtig, dieser Person genau zuzuhören und sie aussprechen zu lassen.

2. **Verstärken Sie Positives.**
   Bevor Sie kritische Anmerkungen zu den Arbeitsergebnissen anderer machen, sollten Sie immer erst die Stärken der Arbeit ansprechen.

3. **Äußern Sie Ihre Kritik sachgemäß.**
   Bleiben Sie immer sachlich. Das heißt, dass sich Ihre Kritik auf den Sachinhalt der Kommunikation beziehen sollte und nicht auf die Person.

4. **Formulieren Sie Ich-Botschaften.**
   Sie sollten Ihre subjektive Ansicht nicht verallgemeinern, sondern sie als klare Ich-Botschaft ausdrücken. Beispiel: „Ich bin der Meinung, dass du …" (nicht: „So kann man das gar nicht formulieren …").

5. **Nutzen Sie Elemente der nonverbalen Kommunikation.**
   Ihre Aussagen sollten Sie durch sogenannte nonverbale Elemente unterstützen, z. B. durch eine angemessene **Mimik** (Gesichtssprache) oder **Gestik** (Körpersprache).

AUFGABE

Werden Arbeitsergebnisse verschiedener Teams reflektiert, wird man mit sogenannten W-Fragen (Fragewort beginnt mit „W" – z. B. „Warum …?") die Resultate der Gruppenarbeit hinterfragen.

Erstellen Sie eine Liste mit typischen W-Fragen in dieser Kommunikationssituation.

Beispiel: Warum habt ihr euch für diese Problemlösung entschieden?

1.4 Rechtschreibung: Groß- und Kleinschreibung üben

„Substantive und substantivierte Wortarten werden großgeschrieben

> das Buch; wir lesen – zum Lesen

Substantive (Nomen/Hauptwörter) werden bekanntlich großgeschrieben. Auch andere Wortarten können wie Substantive gebraucht (= substantiviert) werden. Sie werden dann auch großgeschrieben.

Wortart	Kleinschreibung	Großschreibung
Adjektiv (Eigenschaftswort)	*rote* und *grüne* Stoffe	Stoffe in *Rot* und *Grün*
Numerale (Zahlwort)	*acht* Schüler	Die *Acht* gewinnt.
Verb (Zeitwort)	Wir *lesen* ein Buch.	Das *Lesen* macht Spaß.
Pronomen (Fürwort)	*sein* Buch	Jedem das *Seine*.
Adverb (Umstandswort)	Er schnarcht *nachts*.	Des *Nachts* …
Präposition (Verhältniswort)	Sie geht vor dem Haus *auf* und *ab*.	das *Auf* und *Ab*
Konjunktion (Bindewort)	Er geht, *wenn* …	das *Wenn* und *Aber*"

Quelle: Richter, 2020, S. 79.

AUFGABEN

Nennen Sie jeweils ein Beispiel für:

a) ein substantiviertes Verb (Tätigkeitswort),
b) ein substantiviertes Adjektiv (Eigenschaftswort),
c) eine substantivierte Präposition (Verhältniswort).

„Woran erkenne ich ein Substantiv?

Wenn man unsicher ist, ob ein Wort großzuschreiben ist, dann ist es hilfreich zu prüfen, ob die Erkennungszeichen für ein Substantiv vorliegen. Folgende Wortarten können auf ein anschließendes Substantiv im Satz hinweisen:

Erkennungszeichen des Substantivs	
1. der **Artikel**	*Das* Lachen gefällt ihm.
2. das **Adjektiv**	*Genaues* Arbeiten wird erwartet.
3. das **begleitende Pronomen**	*Sein* Erscheinen ist wichtig.
4. die **Präposition**	*Mit* Nachdenken geht es besser.

Fehlt ein entsprechendes Erkennungszeichen, hilft häufig die **„Artikelprobe"** weiter: Lässt sich ein Artikel vor das entsprechende Wort setzen, so wird es in der Regel großgeschrieben; z. B.:

Genaues *Arbeiten* wird erwartet.	Probe: *Das* genaue Arbeiten …
Es gilt *Wichtiges* von *Unwichtigem* zu unterscheiden.	Probe: Es gilt das *Wichtige* und *das Unwichtige* …
Es ist *wichtig* zu kommen.	Probe: Einsatz des Artikels ist nicht möglich.

Rechtschreibung: Groß- und Kleinschreibung üben

Wichtig ist darauf zu achten, dass in manchen Wortverbindungen der Artikel nicht mehr klar zu erkennen ist:

- zur – zu der
- zum – zu dem
- im – in dem
- ins – in das
- am – an dem

Aber:
Adjektive (Eigenschaftswörter), Partizipien (Mittelwörter) und Pronomen (Fürwörter) werden trotz eines Artikels kleingeschrieben, wenn sie sich auf ein **vorangehendes Substantiv** beziehen:

- Die ausländischen Lieferanten waren sehr zuverlässig, insbesondere die *schwedischen*.
- Die neuen Stoffe verkaufen sich sehr gut, dies gilt in besonderem Maße für die *gefärbten*."

Quelle: Richter, 2020, S. 79 f.

AUFGABE

Nennen Sie die einzelnen Erkennungszeichen, die in den folgenden Sätzen auf ein Substantiv hinweisen:

a) Die engagierte Lehrkraft motivierte die Lernenden.
b) Das schnelle Reagieren führte zum Erfolg.
c) Das Angenehme an ihr war ihre vorbildliche Geduld.

„Zweifelsfälle und Ausnahmen

etwas Neues – alles Gute

- *Allerlei Neues* werden Sie auf unserem Messestand sehen können.
- *Etwas Preiswertes* wird auch dabei sein.
- Wir sind sicher, dass Sie *genug Attraktives* finden werden.

Nach unbestimmten Zahlwörtern, wie „allerlei", „alles", „einiges", „etwas", „genug", „manches", „mehr", „nichts", „viel" und „wenig" werden Adjektive großgeschrieben:

- allerlei Nützliches
- viel Schönes
- alles Sonderbare
- nichts Wichtiges
- wenig Bekanntes
- manches Merkwürdige

Immer großgeschrieben werden die **Paarformeln**

- *Arm und Reich* sowie
- *Jung und Alt*,

wenn sie Personen darstellen.

am größten – aufs beste – aufs Beste

Superlative (Höchststufe bei der Steigerung eines Adjektives) mit „am", nach denen man mit **„wie?"** fragen kann, werden kleingeschrieben:

- *Dieses Auto gefällt mir am besten (Wie gefällt mir das Auto?).*
- *Diese Praline scheint am größten zu sein.*

Adverbiale Wendungen mit „auf das" bzw. „aufs", nach denen man mit **„wie?"** fragen kann, können in Anlehnung an Superlativformen ebenso kleingeschrieben werden:

- *Er war aufs beste gekleidet (Wie?).*

Dem/der Schreibenden wird hier die Wahlmöglichkeit zwischen Groß- und Kleinschreibung eingeräumt.

Aber:
Wird nach diesen Wendungen mit **„worauf?"** gefragt, muss großgeschrieben werden:

- *Das Model ist bei der Kleidung aufs Beste angewiesen (Worauf?).*

im Allgemeinen – in Bezug auf – aufgrund/auf Grund

- *Im Allgemeinen gewähren wir 2 % Skonto.*
- *Für Ihre pünktliche Lieferung bedanken wir uns schon im Voraus.*
- *Im Hinblick auf unsere guten Geschäftsbeziehungen können wir Folgendes vereinbaren: …*

Bei festen Wortverbindungen, denen als **Begleiter** eine **Präposition** (Verhältniswort) und/oder ein **Artikel** vorangeht, stellt sich häufig die Frage, ob tatsächlich eine Substantivierung vorliegt, also großgeschrieben werden muss.

Kleinschreibung

- ein bisschen (ein wenig)
- ein paar (wenige)
- von klein auf
- über kurz oder lang
- durch dick und dünn
- von nah und fern

Großschreibung

- im Allgemeinen
- im Besonderen
- im Großen und Ganzen
- im Wesentlichen
- nicht im Geringsten
- im Grunde
- im Voraus
- im Nachhinein
- im Folgenden
- Folgendes
- in/mit Bezug auf
- in Hinsicht auf
- des Weiteren
- des Näheren
- um ein Beträchtliches
- an Eides statt

Rechtschreibung: Groß- und Kleinschreibung üben

Wahlfreiheit zwischen Groß- und Kleinschreibung besteht bei den folgenden Verbindungen:

- aufgrund/auf Grund
- vonseiten/von Seiten
- mithilfe/mit Hilfe
- zulasten/zu Lasten
- nicht im mindesten/
- nicht im Mindesten
- vor kurzem/Kurzem
- seit kurzem/Kurzem
- seit längerem/Längerem
- von nahem/Nahem
- aufseiten/auf Seiten
- anstelle/an Stelle
- zugunsten/zu Gunsten
- zuungunsten/zu Ungunsten
- bis auf weiteres/Weiteres
- ohne weiteres/Weiteres

> **die beiden – ein jeder – ein gewisser Jemand**
> - *Die beiden* besuchten die Ausstellung.
> - *Ein jeder* bestand auf seiner Meinung.

Numeralien (Zahlwörter/Zahladjektive) und **Pronomen** (Fürwörter) werden prinzipiell **kleingeschrieben**. Dies gilt in der Regel auch dann, wenn ein Artikel davor steht:

- das wenige
- das meiste
- die vielen
- die einen – die anderen
- alles andere
- die beiden
- wir beiden
- alle beide
- ein jeder
- die anderen

Aber:
Davon abzugrenzen sind die Fälle, in denen diese Wörter eindeutig als Substantiv gebraucht werden, z. B.:

- ein gewisser Jemand
- ein Dritter (ein Unbeteiligter)
- die Eins
- das Übrige
- ein Achtel
- die gefürchtete Dreizehn
- eine Viertelstunde
- die Übrigen

Außerdem gilt:
Der Schreibende **kann** Zahladjektive **auch großschreiben**, wenn er ausdrücken möchte, dass das Wort **substantivisch** gebraucht ist:

- die meisten/Meisten
- die vielen/Vielen
- etwas anderes/Anderes
- nichts anderes/Anderes
- die einen/Einen
- die anderen/Anderen

Groß- und Kleinschreibung in der Anrede

> **sie – Sie, ihr – Ihr, du – dein**
> - Wie *du* mir, so ich *dir*.
> - Klaus gab *dir* und nicht *ihr* Recht.
> - Es fehlt nur noch *deine* Unterschrift.

Pronomen wie „ich", „du", „sie", „mein", „dein", „euer" werden grundsätzlich **kleingeschrieben**.

In Briefen, Mitteilungen u. Ä. werden das **höfliche Anredepronomen „Sie"** und das entsprechende Possessivpronomen (besitzanzeigendes Fürwort) **„Ihr"** sowie die entsprechenden flektierten (gebeugten) Formen großgeschrieben.

Dagegen werden die **Anredepronomen „du"** und **„ihr"** und die entsprechenden **Possessivpronomen „dein"** und **„euer"** kleingeschrieben. Nur in **Briefen können** die Anredepronomen „du" und „ihr" mit ihren Possesivpronomen auch **großgeschrieben** werden.

Die Klein- bzw. Großschreibung von Anredepronomen ist also von der Art der Kommunikationssituation abhängig. Während in Privatbriefen die vertraute Duzform (du/Du bzw. ihr/Ihr) vorherrscht, wird in Geschäftsbriefen oder vergleichbaren Texten der Kommunikationspartner mit dem höflichen Anredepronomen „Sie" angesprochen. Das Anredepronomen „Sie" ist dabei aber vom Personalpronomen „sie" zu unterscheiden:

Lieber Reinhard,

hoffentlich hast du/Du dich/Dich nach deinem/Deinem Unfall gut erholt. Wir haben uns deinetwegen/Deinetwegen oft Gedanken gemacht. Zunächst wirst du/Du dein/Dein Fußballtraining unterbrechen müssen, aber bald werdet ihr/Ihr alle wieder die
5 *sieggewohnte Mannschaft sein. Alles Gute für deine/Deine baldige Genesung.*

Deine* Tante Ursel und dein/Dein Onkel Alfred

Sehr geehrter Herr Schreiber,

aus unserem Ferienort grüßen wir Sie und besonders Ihre Frau sehr herzlich; sie bat uns neulich, ihr unsere Eindrücke von der hiesigen Landschaft mitzuteilen. Wir werden ihr
5 *demnächst ausführlich schreiben und glauben, dass unser Bericht auch Ihnen einige Hinweise für Ihren Urlaub geben kann.*

Ihre Claudia Knospe

---

* Anmerkung: Das erste Wort einer Grußformel wird immer großgeschrieben."
Quelle: Richter, 2020, S. 81 ff.

1.5 Texte lesen und verstehen

Um Texte inhaltlich eindeutig verstehen zu können, ist es wichtig, sich die Texte durch **genaues Lesen** zu erschließen. Im Alltag werden viele Texte, z. B. im Internet oder in Zeitungen und Zeitschriften, nur sehr oberflächlich gelesen. In diesen Fällen spricht man vom **diagonalen Lesen**, bei dem der Text kurz überflogen wird, und vom **punktuellen Lesen**, bei dem der Text nur nach ausgewählten Begriffen durchsucht wird.

> Diagonales Lesen = der Text wird kurz überflogen.
>
> Punktuelles Lesen = der Text wird nur nach ausgewählten Begriffen durchsucht.

Beim flüchtigen Lesen von Texten werden allerdings oft viele wichtige Detailinformationen überlesen. Es kann dabei der Text sogar missverstanden werden. Um dieser Gefahr zu begegnen und dies zu verhindern, hat sich als gute **Lesestrategie** die sogenannte **5-Schritt-Lesetechnik** bewährt.

AUFGABE

Entscheiden Sie, ob in den folgenden Sätzen klein oder groß zu schreiben ist:

a) Maik wusste nichts besseres/Besseres zu tun.
b) Sie suchte etwas ähnliches/Ähnliches.
c) Hier konnten wirklich arm/Arm und reich/Reich ihren Urlaub verbringen.
d) Wenig attraktives/Attraktives war hier zu finden.
e) Dieser Beruf gefällt mir am besten/Besten.
f) Er war auf das beste/Beste vorbereitet.
g) Im allgemeinen/Allgemeinen war er sehr zufrieden.
h) Aus dem folgenden/Folgenden können Sie alles herausfinden.
i) Im großen/Großen und ganzen/Ganzen gefiel ihm die Tätigkeit.
j) Sie gingen gemeinsam durch dick/Dick und dünn/Dünn.
k) Alle beide/Beide befürworten den Kompromiss.
l) Auf die dreizehn/Dreizehn fiel der Gewinn.
m) Ein jeder/Jeder wusste von dem Geheimnis.
n) Sie können ihre/Ihre Freundin gern mitbringen.

5-Schritt-Lesetechnik

Schritt 1: Verschaffen Sie sich zunächst einen ersten **Überblick**, indem Sie den Text grob überfliegen. Dabei werden vor allem Überschriften und fettgedruckte Wörter bewusst wahrgenommen.

Schritt 2: Stellen Sie sinnvolle **Fragen** an den Text. Dazu können die folgenden W-Fragen genutzt werden, z. B.:

Wie lautet das Thema des Textes?
Wer hat den Text verfasst?
Welche Orte oder Zeitpunkte/Zeiträume werden im Text genannt?
Was ist die Zielrichtung des Textes?

Schritt 3: Lesen Sie sich den gesamten **Text gründlich durch**. Schlagen Sie Ihnen unbekannte Wörter in einem Wörterbuch nach. Eventuell müssen Sie auch eine Recherche zu einem Ereignis oder zu einer Person in gedruckten Medien oder in Onlinemedien durchführen. Mit einem Textmarker sollten Sie wichtig erscheinende Textstellen hervorheben.

Schritt 4: Fassen Sie den gelesenen Text **mit eigenen Worten** kurz **zusammen**. Dabei formulieren Sie neue Teilüberschriften für einzelne Textabschnitte und arbeiten die Schlüsselbegriffe heraus.

Schritt 5: Wiederholen Sie die wichtigsten Informationen des Textes. Fassen Sie sie dann in Hauptaussagen zusammen und ergänzen Sie das, was Sie vorher übersehen haben.

AUFGABE

Arbeiten Sie den folgenden Text Schritt für Schritt nach der 5-Schritt-Lesetechnik durch.

„Ich mache das Beste aus dem, was mir gegeben ist"

Schon als Kind gehörte ich immer zu den Kleinen. Doch während die anderen aufholten, hörte ich mit 14 Jahren einfach auf zu wachsen. Der Grund ist ein Gendefekt, vererbt von meiner Mutter, welche noch einen Kopf kleiner ist als ich. Als meine Pubertät einsetzte, war ich 1,58 Meter groß – und bin es bis heute.

5 *Ich kenne jeden dummen Spruch: vom Zwerg hin zum Napoleon-Komplex. Beleidigungen zählten in meiner Jugend zum Alltag. Häufig resignierte ich und zog mich zurück, kämpfte mit Selbstzweifeln – oder ich machte mich über mich selbst lustig, um anderen zuvorzukommen. Es gab aber auch Zeiten, in denen ich sehr wütend wurde. Erst mit dem Studium entspannte sich die Situation. Je reflektierter und intelligenter Menschen sind, umso sensibler gehen sie mit einem um*

und sind vielleicht auch weniger oberflächlich. Das ist jedenfalls mein Eindruck. Heute kann ich klar und ruhig sagen, wenn mich eine Aussage verletzt.

In manchen Situationen muss ich mich gefühlt ein Stück weit beweisen, um ernst genommen zu werden. Auch wenn ich nicht auf meine Größe reduziert werden möchte, ist dies nun einmal der erste Eindruck, den andere gewinnen. Ich kenne den überraschten Blick, wenn Menschen mir gegenüberstehen. Durch Onlinekonferenzen kennen sie nur meine tiefe Stimme, und im Sitzen fällt meine Größe nicht auf. Auch wenn beispielsweise Kollegen mal ein Kommentar herausrutscht, kann ich damit inzwischen gut umgehen.

Wäre ich zu dick, könnte ich abnehmen. Größer werden kann ich nicht. Meine Mutter hatte damals eine Hormontherapie für mich abgelehnt. Manchmal bedaure ich das. Lange dachte ich über eine Operation nach: Bei einer Beinverlängerung werden die Knochen gebrochen, eine schmerzhafte, langwierige Prozedur. Die Risiken waren mir für ein paar Zentimeter mehr zu hoch. Ich lernte vielmehr, dass es auf meine innere Einstellung ankommt. Für mich zählt heute, das Beste aus dem zu machen, was mir gegeben ist. Ich habe gelernt, mich selbst zu akzeptieren.

Die meisten orientieren sich an einer Norm, an vermeintlichen Idealen, Perfektion. Dabei entspricht kaum jemand von uns diesen Bildern. Ein gesunder Geist und ein gesunder Körper, das gehört für mich zusammen. Ich bin recht breit gebaut, trainiere viel. Ich mache Crossfit, also Muskelübungen mit dem eigenen Körper, ohne Geräte. Manchmal schaue ich mich an, finde mich richtig attraktiv. Nur in kurzen Hosen gefalle ich mir nicht, dann stören mich die kurzen Beine. Passende Kleidung und Schuhe zu finden ist nicht leicht, Hosen muss ich immer anpassen lassen. Bei manchen Autos habe ich Schwierigkeiten, die Pedale zu erreichen – dafür freue ich mich über Beinfreiheit im Zug und Flugzeug.

Wenn ich Frauen kennenlerne, ist meine Größe oft eine Hürde. Egal, wie gebildet, charmant, humorvoll ein Mann auftritt: Die meisten Frauen wollen zu einem Partner aufschauen. Ich hatte tolle Unterhaltungen und Chats mit Frauen. Kaum sagte ich, wie groß ich bin, tauchten sie ab. Das verletzt. Beim Dating brauchte ich Ausdauer, wurde häufig zurückgewiesen. Doch heute bin ich wieder in einer glücklichen Partnerschaft, mit einer etwa gleich großen Partnerin.

Ich bin empathisch, kann mich in andere einfühlen. Und ich weiß, wie wichtig es ist, nicht vorschnell zu urteilen. Über die Zeit habe ich ein starkes Selbstbewusstsein entwickelt, eine innere Stärke und Präsenz. Ich kann heute zu mir stehen. Mich hat meine Größe reifen und innerlich wachsen lassen.

Ich wünsche mir für alle Menschen außerhalb der Norm, akzeptiert euch und lernt, genau daraus Kraft zu ziehen.

Aufgezeichnet von Isabel Stettin

Quelle: Stettin, 2023, S. 8–9.

Zusammenfassung

Sprechen und Zuhören

- Sie können Ihre Persönlichkeit in einer Vorstellungsrunde in sprachlich angemessener Form zum Ausdruck bringen.
- Sie können durch diszipliniertes Zuhören Ihren Gesprächspartnerinnen und -partnern die notwendige Wertschätzung zum Ausdruck bringen.
- Sie kennen unterschiedliche Möglichkeiten, um Teammitgliedern mittels taktiler Kommunikation ihre Zustimmung bzw. Unterstützung auszudrücken.
- Sie kennen verschiedene W-Fragen, mit deren Hilfe Sie Arbeitsergebnisse der Teamarbeit hinterfragen können.

Lesen und Schreiben

- Sie können die in einem Vorstellungssteckbrief notwendigen Informationen sprachlich korrekt formulieren.
- Sie kennen den Unterschied zwischen diagonalem Lesen und punktuellem Lesen.
- Sie können sich Texte mithilfe der 5-Schritt-Lesetechnik erschließen.

Sprachregeln und Sprachgebrauch

- Sie kennen verschiedene Regeln zur Groß- und Kleinschreibung.

Mit Medien umgehen

- Sie können ein Plakat inhaltlich sinnvoll gestalten.
- Sie kennen unterschiedliche gestalterische Elemente, um ein Plakat visuell ansprechend zu gestalten.

Arbeitstechniken

- Sie kennen verschiedene Regeln, deren Einhaltung für eine optimale Teamarbeit sorgt.
- Sie kennen verschiedene Rollen, die bei der Teamarbeit genutzt werden können, um zielgerichtet zu arbeiten.
- Sie können Feedbackregeln bei der Auswertung von Teamarbeitsergebnissen situativ anwenden.
- Sie kennen die Aufgabe, die eine Moderatorin/ein Moderator bei möglichen Konflikten in der Teamarbeit wahrzunehmen hat.

2 Berufe kennenlernen

2.1 Ziele bestimmen

2.2 Ausbildungen recherchieren und vergleichen

2.3 Die Wunschausbildung vorstellen

Brainstorming

Mindmapping

Collage

Berufswahltest (BWT)

Referat

Berufe kennenlernen

2.1 Ziele bestimmen

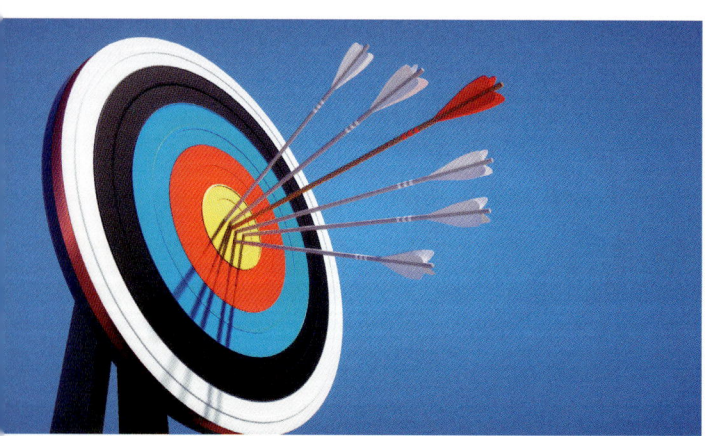

Bevor Sie in das **Berufsleben** eintreten – ganz gleich, ob zunächst in einem **Job** oder später in eine **Berufsausbildung** – sollten Sie sich überlegen, welche **Ziele** Sie dabei im Auge haben. Ist es Ihnen zunächst wichtig, etwas Geld zu verdienen und sich mit den Anforderungen von Arbeitgebern auseinanderzusetzen, oder möchten Sie doch gleich eine Berufsausbildung beginnen?

Vor dieser Frage stehen alle Jugendlichen in der Klasse. Sie können also gemeinsam Ihre unterschiedlichen **Lebensvorstellungen** festhalten und sich darüber austauschen. Für die Strukturierung dieser Kommunikationsprozesse bieten sich Techniken wie **Brainstorming** und/oder **Mindmaps** im Klassenverband an. Auch eine **Collage** (Begriff abgeleitet aus dem französischen „colle" = Leim), bei der z. B. alle Ideen in einer eigenen Komposition auf ein Blatt geklebt werden, kann helfen, die eigenen Lebensvorstellungen bildhaft festzuhalten und sich darüber in der Klasse auszutauschen.

Collage: Bei einer Collage werden die Ideen allein oder im Team in einer eigenen Komposition mit verschiedenen Materialien (z. B. Fotos, Zeichnungen) auf ein Blatt geklebt oder angeordnet.

„Brainstorming

Beim Brainstorming („**Gehirn- oder Gedankensturm**") handelt es sich um eine **Kreativitätstechnik**, die in Unternehmen zunächst zur Findung von Produktideen eingesetzt wurde. Heute wird diese Technik in den unterschiedlichsten Anwendungsbereichen genutzt, z. B. auch bei Problemlöseprozessen im Schulunterricht.

Als Kreativitätstechnik dient Brainstorming dazu, in **möglichst kurzer Zeit** eine **Vielzahl von Ideen**, Lösungsansätzen u. Ä. zu finden. Da es keine „unsinnigen" Einfälle bei dieser Technik gibt, werden auch unkonventionelle Lösungen entwickelt, **assoziatives Denken** wird dabei angewandt. Alle Beteiligten werden aktiv eingebunden.

Regeln:

- Alle Brainstormingteilnehmer beteiligen sich mündlich und/oder schriftlich an der Ideensammlung.
- Alle Ideen, Lösungsansätze u. Ä. sind erlaubt – es gibt keine falschen Ideen. Quantität geht vor Qualität.
- Negativkritik gegenüber einzelnen Vorschlägen ist verboten.
- Vorgetragene Ideen dürfen aufgenommen und weiterentwickelt werden.

Ablauf:

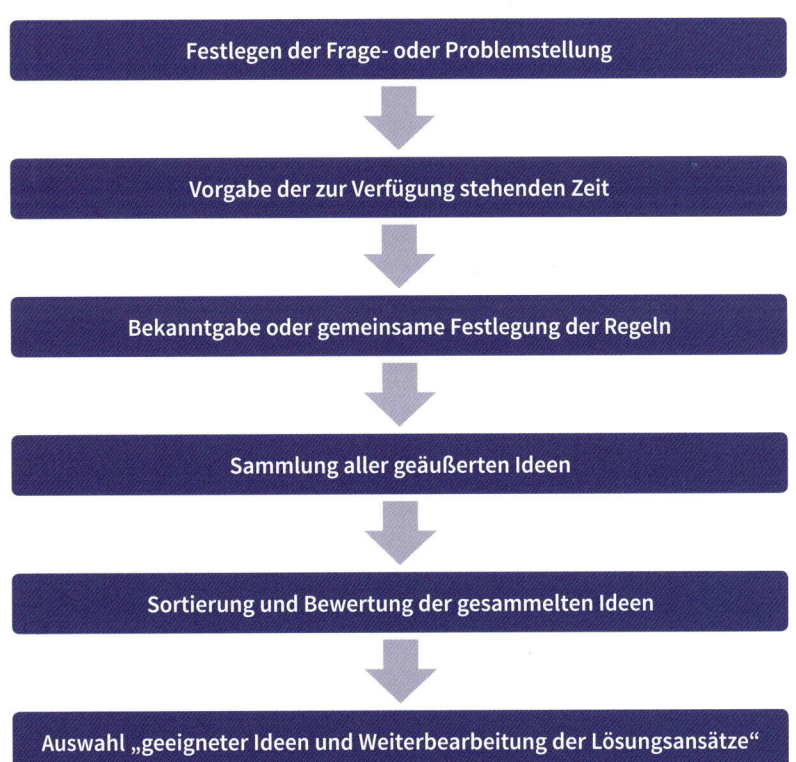

Quelle: Bentin u. a., 2021, S. 600.

„Mindmapping

Mindmapping ist eine **Arbeitsmethode** oder **Lerntechnik**, bei der Gedanken, Ideen oder Gesprächsinhalte in ihrer Originalfassung aufgenommen werden, ohne sie sofort in eine richtige Reihenfolge zu bringen. Mindmaps sind **Gedanken-Landkarten**. Eine Gedanken-Landkarte besteht aus Haupt- und Nebenästen.

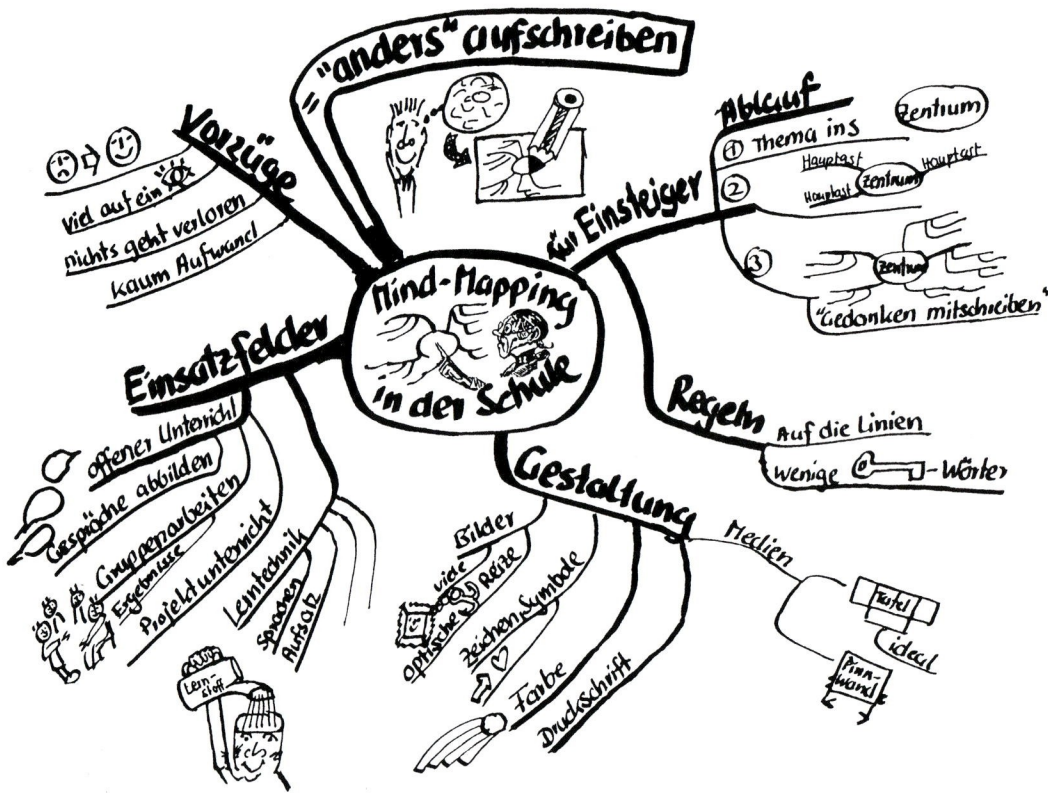

Beispiel für eine Mindmap"

Quelle: Bentin u. a., 2021, S. 602.

AUFGABEN

1. Drücken Sie mithilfe einer Collage aus, welche Ziele Sie selbst im Leben erreichen möchten. Sind die entsprechenden Collagen aller Klassenmitglieder erstellt, tauschen Sie sich gegenseitig über ihre bildhaft ausgedrückten Lebensvorstellungen aus und stehen den anderen für Nachfragen zur Verfügung.

2. Entscheiden Sie, ob Sie für die Sammlung und Strukturierung Ihrer Lebensziele die Techniken Brainstorming oder Mindmapping in der Klasse nutzen wollen. Stimmen Sie Ihre Entscheidung mit den anderen Mitgliedern der Klasse ab.

3. Sammeln Sie schriftlich – eventuell arbeitsteilig mit anderen Lernenden in der Klasse – Vor- und Nachteile der Jobausübung und der Aufnahme einer Berufsausbildung.

4. Welche Schlussfolgerungen können aus der folgenden Grafik gezogen werden? Halten Sie Ihre Ergebnisse in vollständigen Sätzen schriftlich fest.

Mehr gelernt, seltener arbeitslos

Eine gute Ausbildung ist der beste Schutz vor Arbeitslosigkeit. Das belegt eine aktuelle Auswertung der Bundesagentur für Arbeit. Im
5 Jahr 2022 lag die Arbeitslosenquote bei durchschnittlich 5,0 Prozent in den westdeutschen und 6,7 Prozent in den ostdeutschen Bundesländern. Deutlich stärker waren
10 Personen ohne Ausbildung von Arbeitslosigkeit betroffen: Ihre Quote lag bei rund 18,4 bzw. 29,0 Prozent. Das heißt: Rund jede fünfte ungelernte Person im Westen
15 und beinahe jeder dritte Ungelernte im Osten waren arbeitslos. Ganz anders die Erwerbstätigen mit qualifiziertem Abschluss: So lagen die Arbeitslosenquoten der
20 Erwerbspersonen mit betrieblicher oder schulischer Berufsausbildung bei 2,7 Prozent im Westen und 4,6 Prozent im Osten; unter den (Fach-)
Hochschulabsolventen und -absolventinnen waren sogar nur 2,0 und 2,9 Prozent ohne
25 Arbeit. Die besser Ausgebildeten haben nicht nur ein geringeres Risiko, arbeitslos zu werden; ihre Chancen sind auch größer, wenn es darum geht, wieder einen neuen Job zu finden.

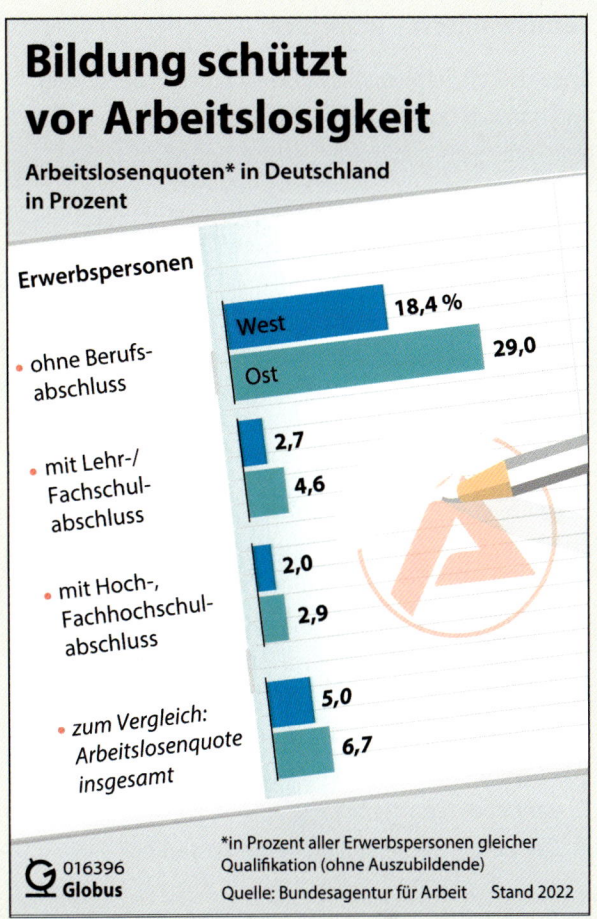

Quelle (Grafik und Text): picture alliance/dpa/dpa-infografik GmbH, 29.09.2023

2.2 Ausbildungen recherchieren und vergleichen

Wenn Sie vor der Entscheidung stehen, eine **Berufsausbildung** auszuwählen, um z. B. langfristig sozial abgesichert leben zu können, ist es wichtig, dass Sie sich Informationen über die einzelnen Ausbildungsberufe besorgen. Die **Bundesagentur für Arbeit** bietet hierzu einen attraktiven Service – den **Berufswahltest (BWT)**:

Berufswahltest – lohnt sich!

Unser Berufswahltest ist wissenschaftlich ausgereift und hat sich bereits viele Jahre bewährt. Wir arbeiten regelmäßig an seiner Weiterentwicklung.

- Jedes Jahr machen fast 30.000 Jugendliche den Berufswahltest und lassen sich so durch uns bei ihrer Berufswahl unterstützen.
- Wir kennen die Anforderungen von über 600 Berufen genau und haben immer die aktuellen Entwicklungen der Arbeits- und Berufswelt im Blick.
- Du lernst deine Interessen und Fähigkeiten genauer kennen. Das ist eine gute Grundlage für deine weiteren Überlegungen und beruflichen Pläne.
- Deine Berufsberaterin bzw. dein Berufsberater bespricht die Ergebnisse ausführlich und persönlich mit dir.
- Du bekommst einen Ergebnisbericht für zu Hause mit, den du z. B. auch für deine Bewerbung verwenden darfst.
- Der Berufswahltest ist für dich kostenlos.

Quelle: Bundesagentur für Arbeit: Berufswahltest (BWT). Welche Berufe passen zu mir?, Juni 2023, abgerufen unter: www.arbeitsagentur.de/datei/dok_ba036880.pdf [01.10.2023].

Sie sollten sich zunächst Gedanken darüber machen, welche **Gesichtspunkte (Kriterien)** bei der Auswahl des geeigneten Berufs für Sie selbst besonders wichtig sind. So können Sie die gesammelten Informationen über mögliche Berufsausbildungen sinnvoll auswerten.

Beispiele für geeignete **Vergleichskriterien:**

- Arbeitszeiten,
- langfristige Verdienstmöglichkeiten,
- langfristige Aufstiegsmöglichkeiten,
- soziale Kontakte im Beruf (Zusammenarbeit mit wenigen bzw. relativ vielen Personen),
- persönliche Entscheidungsfreiheiten im Berufsalltag,
- handwerkliche Anforderungen,
- Möglichkeit, die eigene Kreativität einzubringen,
- Möglichkeiten, um ökologischen und/oder nachhaltigen Ansprüchen gerecht werden zu können,
- besondere Anforderungen des Arbeitgebers.

Haben Sie die für Sie wichtigen Vergleichskriterien aufgelistet, sollten Sie diese Kriterien nach der Wichtigkeit ordnen. Sie legen also eigene **Prioritäten** (Rangfolgen) fest. Für diese Kriterien können Sie eine **Tabelle** (z. B. mit Word oder Excel) erstellen und den Gesichtspunkten jeweils Punktwerte zuordnen, die die Wichtigkeit für Sie selbst widerspiegeln.

AUFGABEN

① Entwerfen Sie eine Tabelle, in der Sie die für Sie wichtigen Entscheidungskriterien für die Wahl eines Ausbildungsberufs – nach Wichtigkeit geordnet – auflisten.

② Prüfen Sie, inwieweit die folgenden Berufsbeschreibungen der Industrie- und Handelskammer (IHK) Ihre persönlichen Prioritäten bei der Entscheidung für eine Berufsausbildung treffen. Stellen Sie anschließend Ihre Bewertung Ihren Mitschülerinnen/Mitschülern vor.

Fachlagerist/-in

Ausbildungsdauer: 2 Jahre

Beschreibung:

Fachlageristen und -lageristinnen nehmen Güter an und prüfen anhand der Begleitpapiere
5 die Art, Menge und Beschaffenheit der Lieferungen. Sie erfassen die Güter via EDV, packen sie aus, prüfen ihren Zustand, sortieren und lagern sie sachgerecht oder leiten sie dem Bestimmungsort im Betrieb zu. Dabei achten sie darauf, dass die Waren unter optimalen Bedingungen gelagert werden, regulieren z. B. Temperatur
10 und Luftfeuchtigkeit oder wählen den Lagerplatz entsprechend aus. In regelmäßigen Abständen kontrollieren sie den Lagerbestand und führen Inventuren durch.

Für den Versand verpacken sie die Güter, füllen Begleitpapiere aus, stellen Liefereinheiten zusammen und beladen Lkws. Sie kennzeichnen, beschriften un[d] sichern die Sendungen. Dabei sind einschlägige Sicherheitsvorschriften zu beachten, wie z. B. die Gefahrgutverord-
15 nung und ggf. Zollbestimmungen. Die Güter transportieren sie mit Hilfe verschiedener Transportgeräte und Fördermittel, wie beispielsweise Gabelstapler oder automatische Sortieranlagen, deren Pflege ebenfalls zu ihren Aufgaben gehört.

Fachlageristen und Fachlageristinnen arbeiten hauptsächlich bei Speditionsbetrieben und anderen Logistikdienstleistern. Darüber hinaus können sie in Industrie- und Handelsunter-
20 nehmen unterschiedlichster Wirtschaftsbereiche tätig sein: z. B. in der Lebensmittel- und Elektroindustrie, in der chemischen und pharmazeutischen Industrie, im Metall- und Fahrzeugbau, in Druckereien oder bei Herstellern von Baustoffen.

Quelle: IHK Braunschweig: Berufe A–Z, Nr. 4115696, Fachlagerist/-in, abgerufen unter: www.ihk.de/braunschweig/aus-und-weiterbildung/ausbildung/berufe-a-z/fachlagerist-4115696 [01.10.2023].

Florist/-in

Ausbildungsdauer: 3 Jahre

Beschreibung:

Floristen bestimmen, pflegen und versorgen Pflanzen und gestalten Blumen- und
5 Pflanzenschmuck. Nach eigenen Ideen oder nach den Wünschen der Kunden binden sie Sträuße, fertigen Kränze, Brautschmuck sowie Tisch- und Raumschmuck. Dem Anlass entsprechend wählen sie Blumen und Pflanzen aus und verarbeiten sie
10 zum Beispiel mit Bändern, Kerzen, Trockenblumen oder Zweigen zu Sträußen und Gestecken.

Sie gestalten und bepflanzen Gefäße und legen Pflanzungen für dauerhaften Raumschmuck an. Auch die Gestaltung von Schaufenstern und Verkaufsräumen gehört zu ihren Aufgaben. In den Verkaufs- und Lagerräumen versorgen sie Pflanzen und Schnittblumen sachgerecht. Im Rahmen des Verkaufs beraten sie Kunden bei der Auswahl von Schnittblumen und Topfpflan-
15 zen und geben Hinweise zu deren Pflege. Darüber hinaus ermitteln Floristen und Floristinnen den Warenbedarf, holen Angebote ein, erledigen den Einkauf, berechnen Preise und bedienen die Kasse. Im Rahmen des Blumengeschenkdienstes nehmen sie Aufträge an, leiten sie weiter und liefern bestellte Blumen aus.

Sie arbeiten vor allem in Blumenfachgeschäften. Darüber hinaus können sie überall Beschäf-
20 tigung finden, wo es um die Vermarktung von Pflanzen geht, z. B. in Gärtnereien, in größeren Einzelhandelsunternehmen mit entsprechenden Verkaufsabteilungen und im Blumengroßhandel. Ihre Tätigkeiten üben Floristen und Floristinnen größtenteils im Verkaufsraum des Ladens und in speziellen Binde-, Werkstatt- und Lagerräumen aus.

Quelle: IHK Braunschweig: Berufe A–Z, Nr. 4115660, Florist/-in, abgerufen unter: www.ihk.de/braunschweig/aus-und-weiterbildung/ausbildung/berufe-a-z/florist-4115660 [01.10.2023].

Koch/Köchin

Ausbildungsdauer: 3 Jahre

Beschreibung:

Sie verrichten alle Arbeiten, die zur Herstellung von Speisen gehören, Köche
5 und Köchinnen kennen die Rezepte für Gerichte aller Art, z. B. für Suppen, Soßen, Gebäck oder Süßspeisen. Wenn sie einen Speiseplan aufgestellt haben, kaufen sie die Lebensmittel und Zutaten ein, bereiten

10 sie vor oder lagern sie gegebenenfalls ein. Sie organisieren die Arbeitsabläufe in der Küche und sorgen dafür, dass die Speisen rechtzeitig und in der richtigen Reihenfolge fertig werden. In kleineren Küchen kochen, braten, backen und garnieren Köche und Köchinnen alle Gerichte selbst; in größeren sind sie meist auf die Zubereitung bestimmter Speisen spezialisiert, etwa auf Beilagen, Salate oder Fisch- und Fleischgerichte. Zu ihren Aufgaben gehört
15 auch, die Preise zu kalkulieren und die Gäste zu beraten.

Hauptsächlich arbeiten sie in den Küchen von Restaurants, Hotels, Kantinen, Krankenhäusern, Pflegeheimen und Catering-Firmen. Darüber hinaus sind die in der Nahrungsmittelindustrie für Hersteller von Fertigprodukten und Tiefkühlkost tätig. Auch Schifffahrtsunternehmen beschäftigen auf größeren Ausflugs- und Kreuzfahrtschiffen Köche und Köchinnen.

Quelle: IHK Braunschweig: Berufe A–Z, Nr. 4114710, Koch/Köchin, abgerufen unter: www.ihk.de/braunschweig/aus-und-weiterbildung/ausbildung/berufe-a-z/koch-4114710 [01.10.2023].

2.3 Die Wunschausbildung vorstellen

Nachdem Sie sich mit verschiedenen Berufen beschäftigt haben, wird Ihnen klar geworden sein, welche Prioritäten für die Wahl einer Berufsausbildung bei Ihnen gelten. Sie sollten nun in der Lage sein, Ihren „Wunschberuf" der Klasse adressatengerecht vorzustellen. Bei der Erstellung eines entsprechenden **Referats** sollten Sie folgende Tipps berücksichtigen:

- Welche Informationen über diesen Beruf sind für die Zuhörenden besonders interessant?
- Was macht Ihre Wahl für den entsprechenden Beruf inhaltlich aus – wie können Sie Ihre getroffenen Überlegungen der Klasse überzeugend vorstellen?
- Mit welchen Medien stellen Sie Ihr Statement für den auserwählten Beruf der Klasse vor?
- Mit welchen Worten bzw. Sätzen leiten Sie das Referat ein und womit könnten Sie den Schlussteil des Referats sinnvoll füllen?

AUFGABEN

1. Stellen Sie Ihren gewählten Wunschberuf in einem Referat der Klasse vor. Berücksichtigen Sie dabei die oben genannten Tipps.

2. Erstellen Sie in Partner- oder Gruppenarbeit eine Liste von sinnvollen möglichen Fragen, die die Zuhörenden bei dem Referat über den gewählten Wunschberuf stellen könnten.

Zusammenfassung

Sprechen und Zuhören

- Sie können Ihre Lebensziele in sprachlich angemessener Form zum Ausdruck bringen.
- Sie können Vor- und Nachteile der Jobausübung gegenüber der Aufnahme eines Berufsausbildungsverhältnisses benennen.
- Sie können anderen gegenüber begründen, warum Sie sich für einen bestimmten Ausbildungsberuf besonders interessieren.

Lesen und Schreiben

- Sie können die in einem Schaubild enthaltenen Informationen gedanklich erfassen und sprachlich in vollständigen Sätzen ausdrücken.
- Sie können die für Sie wichtigen Kriterien für die Wahl eines Ausbildungsberufs benennen.

Sprachregeln und Sprachgebrauch

- Sie können verschiedene Rechtschreibregeln bei der Anfertigung eines Referats anwenden.

Mit Medien umgehen

- Sie können eine Collage zu einem ausgewählten Thema inhaltlich sinnvoll gestalten.
- Sie kennen unterschiedliche gestalterische Elemente, um eine Collage visuell ansprechend zu gestalten.

Arbeitstechniken

- Sie können mithilfe einer Collage Ihre Lebensziele bildhaft ausdrücken.
- Sie können die Technik des Brainstormings anhand eines ausgewählten Problembeispiels durchführen.
- Sie können die Technik des Mindmappings anhand eines ausgewählten Problembeispiels durchführen.
- Sie können die für Ihren Wunschberuf entscheidenden Kriterien (Gesichtspunkte) in einer Prioritätenliste ordnen.

3 Sich bewerben

3.1 Inhalte einer vollständigen Bewerbung kennenlernen

Schritte zum Wunschberuf

3.2 Das Bewerbungsschreiben formulieren

Beispiel für ein Bewerbungsschreiben um einen Ausbildungsplatz

3.3 Den Lebenslauf erstellen

Beispiel für einen Lebenslauf in traditioneller tabellarischer Form
Beispiel für einen Europäischen Lebenslauf

3.1 Inhalte einer vollständigen Bewerbung kennenlernen

Haben Sie sich aufgrund umfangreicher Informationen für Ihren Wunschberuf entschieden, in dem Sie eine Berufsausbildung machen möchten, ist der nächste Schritt, eine entsprechende **Bewerbung** in schriftlicher Form anzufertigen. Sie sollten vorher nachfragen, ob Sie sich bei dem betreffenden Unternehmen mit einer Bewerbung auf Papier (als Brief) oder online bewerben müssen. In jedem Fall ist es aber wichtig, dass die Bewerbungsunterlagen in angemessener Form – z. B. ohne Rechtschreib- und Zeichensetzungsfehler – erstellt werden. Schließlich stellt die Bewerbung den ersten Kontakt zwischen dem Unternehmen und der Bewerberin oder dem Bewerber dar. Und der erste Eindruck ist gewöhnlich der wichtigste.

Zu einer **vollständigen Bewerbung** gehören:

- das **Bewerbungsschreiben**,
- der **Lebenslauf**,
- Kopien entsprechender **Schul- und Arbeitszeugnisse** sowie – falls vorhanden –
- Kopien von durchgeführten **Fortbildungsveranstaltungen** (z. B. „PC-Führerschein").

Bei den meisten Unternehmen wird zusätzlich ein **Lichtbild** von Ihnen erwartet, einige Unternehmen verzichten aber auch bewusst darauf. Sie sollten sich vorher erkundigen, ob ein Lichtbild erforderlich ist.

3.2 Das Bewerbungsschreiben formulieren

Bewerbungsschreiben unterscheiden sich in ihrem Inhalt vor allem dadurch, ob und inwieweit berufliche Vorerfahrungen vorhanden sind und beschrieben werden können. So kann ein Bewerbungsschreiben um einen **Ausbildungsplatz** natürlich nicht das beinhalten – vor allem im Hinblick auf erlangte Kompetenzen (insbesondere Fachkompetenz) –, was in einem Bewerbungsschreiben bei einem Unternehmenswechsel nach zehn oder zwanzig Jahren Berufserfahrung beschrieben werden kann.

In einem Bewerbungsschreiben um einen Ausbildungsplatz werden statt bereits erworbener beruflicher Kompetenzen vor allem bestehende Interessen und Lebensziele angesprochen.

Beziehen Sie sich bei dem Bewerbungsschreiben auf eine ausgeschriebene Stelle, so sollten Sie als Erstes die Stellenanzeige genau lesen, um die genannten Erwartungen des Arbeitgebers klar zu erkennen. Schließlich sollten Sie auf diese Anforderungen im Bewerbungsschreiben zielgerichtet eingehen.

Formale Merkmale des Bewerbungsschreibens:

- Als Papierformat ist ein Blatt **DIN A4**, weiß, unliniert, 80 g, zu wählen. Die Länge des Bewerbungsschreibens sollte **eine** DIN-A4-Seite nicht überschreiten.
- Wird die Bewerbung auf dem Blatt angefertigt, sollten die A4-Blätter nicht gefaltet werden. Entsprechend sollte eine **Versandtasche** mindestens in der Größe C4 benutzt werden.
- Bei der Anfertigung des Bewerbungsschreibens sind die Vorgaben der **DIN-Norm 5008** einzuhalt. Hierin sind vor allem die Gestaltung von Briefkopf, Absenderangabe und Anschriftfeld sowie die Zeilenabstände im Brieftext festgelegt.

Inhaltliche Merkmale des Bewerbungsschreibens:

- Zu Beginn des Brieftextes – nach dem Betreff und der Anrede – sollten Sie sich auf eine eventuelle **Stellenanzeige** des Unternehmens oder auf entsprechende Internetseiten beziehen.
- Schreiben Sie sprachlich eindeutig, um welche Stelle Sie sich bewerben.
- Anfänglich sollten Sie kurz erwähnen, welche **Tätigkeit** (z. B. Schulbesuch oder Praktikum) Sie zurzeit ausüben. Genauere Angaben dazu sind dann im Lebenslauf aufzuführen.
- Der wichtigste Abschnitt im Bewerbungsschreiben ist der Teil, in dem Sie überzeugend formulieren, **warum** Sie sich gerade **um diese Stelle** in diesem Unternehmen bewerben.
- Auf jeden Fall sollten Sie deutlich herausstellen, über welche **Kompetenzen** (z. B. Fach- oder Sozialkompetenz, interkulturelle Kompetenz) Sie verfügen. Dabei können Sie z. B. auch auf ein eventuelles Engagement in Vereinen oder ehrenamtliche Tätigkeiten hinweisen.
- Hinweise auf Erfahrungen in **Team-** oder **Projektarbeit** wie auch das Interesse am **selbstständigen Arbeiten** sind ebenfalls sinnvoll.
- Erwähnen Sie auch ein Interesse an **Fortbildungen**.
- Ihre räumliche und zeitliche **Flexibilität** sollten Sie ebenfalls zum Ausdruck bringen.
- Schließlich sollte auch der frühestmögliche **Antrittstermin** genannt werden.
- Am Ende des Bewerbungsschreibens sollten Sie um einen **Vorstellungstermin** bitten.
- Nach der Grußformel und der handschriftlichen Unterschrift sollten Sie auf die **Anlagen** hinweisen.

Beispiel für ein Bewerbungsschreiben um einen Ausbildungsplatz

Viola König
Leipziger Straße 3
10117 Berlin
Telefon: 030 2491642
E-Mail: viola.Koenig@t-online.de

Viola König, Leipziger Straße 3, 10117 Berlin
Modehaus Lifestream
Personalabteilung
Frau G. Hubert
Mannheimer Straße 6
10713 Berlin

Datum: 14. Juni 20..

Bewerbung um einen Ausbildungsplatz als Verkäuferin

Sehr geehrte Frau Hubert,

ich bin auf Ihre Stellenanzeige im Einzelhandelsportal „Azubi" vom 5. Juni 20.. aufmerksam geworden, in der Sie eine Ausbildungsstelle als Verkäuferin ausgeschrieben haben. Ich kenne Ihr bekanntes Modehaus sehr gut, da ich ja schon einige Textilien bei Ihnen erworben habe. Ihr modernes Textilunternehmen spricht mich nicht nur durch die beeindruckende Architektur an, sondern selbstverständlich auch durch Ihre stets aktuellen Outfits.

Da ich eine ausgesprochen modeinteressierte Frau bin, würde eine Ausbildung als Verkäuferin in Ihrem Haus meinen Lebenszielen sehr entsprechen. Ich liebe es, die aktuellen Modetrends zu verfolgen, und bin an einer Ausbildung, die Selbstständigkeit, Flexibilität und Lernbereitschaft erfordert, sehr interessiert. Ich bin es gewohnt, in Teams zu arbeiten – sowohl durch meine Schulzeit als auch durch meine absolvierten Praktika im Einzelhandel. Ich verfüge über Fremdsprachen-Grundkenntnisse in Englisch und Italienisch, was für Verkaufsgespräche sicherlich hilfreich sein kann.

Ich habe meinen Hauptschulabschluss gerade mit Erfolg erworben und könnte ab August bei Ihnen die Ausbildung beginnen.

Gern überzeuge ich Sie in einem persönlichen Vorstellungsgespräch von meinen Fähigkeiten.

Mit freundlichen Grüßen

Viola König
Viola König

Anlagen
Lebenslauf
Zeugniskopie
Fortbildungsbescheinigungen

Sich bewerben

AUFGABEN

1. Analysieren Sie für Sie interessante Stellenanzeigen, indem Sie die beschriebenen Anforderungen genau markieren oder herausschreiben.

2. Welche Vorgaben macht die DIN 5008 für die Zeilenabstände in einem Bewerbungsschreiben ab dem Betreff bis zur Grußformel? Schreiben Sie dies auf.

3. Erklären Sie mit eigenen Worten die Begriffe „Sozialkompetenz" und „interkulturelle Kompetenz".

4. Erstellen Sie ein Bewerbungsschreiben für einen für Sie interessanten Ausbildungsplatz.

3.3 Der Lebenslauf erstellen

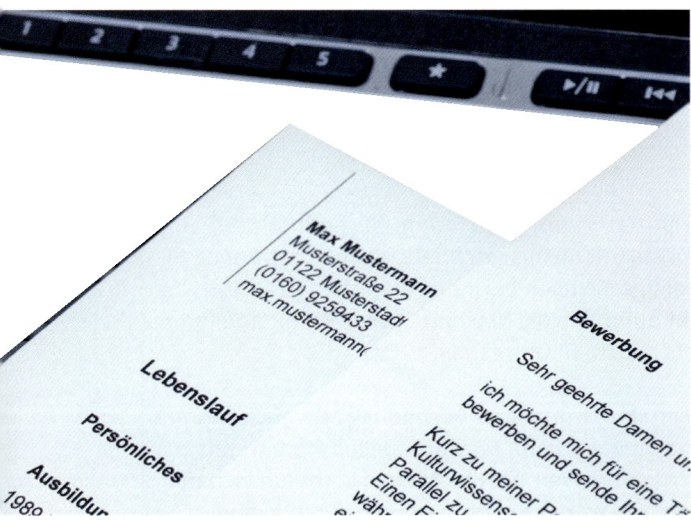

Der Lebenslauf wird an das Bewerbungsschreiben angehängt, damit zukünftige Arbeitgeber sich auf einen Blick ein aussagekräftiges Bild von der sich bewerbenden Person machen können. In der Regel wird der Lebenslauf nicht in Erzählform in vollständigen Sätzen ausformuliert, sondern in **tabellarischer Form** erstellt. Die **traditionelle Form** enthält nach den persönlichen Angaben wie Name, Geburtsdatum und -ort usw. in chronologischer Form – beginnend mit dem frühesten Zeitpunkt – schulische und berufliche Erfahrungen und Abschlüsse. Alternativ wird von der Europäischen Union der sogenannte **Europäische Lebenslauf** angeboten, der in entgegengesetzter zeitlicher Abfolge die schulischen und beruflichen Erfahrungen etwas ausführlicher beschreibt.

Beispiel für einen Lebenslauf in traditioneller tabellarischer Form

Viola König
Leipziger Straße 3
10117 Berlin

Lebenslauf

Persönliche Angaben

Name:	Viola König
Geburtsdatum:	11.12.20..
Geburtsort:	Berlin
Staatsangehörigkeit:	deutsch
Familienstand:	ledig

Schulbesuche

August 20.. bis Juli 20..	Grundschule Berlin
August 20.. bis Juni 20..	Hauptschule Berlin

Berufliche Tätigkeiten

April 20.. bis Juni 20..	Praktikum Gärtnereibetrieb Becker GmbH Berlin
Januar 20.. bis März 20..	Praktikum Lebensmittelgeschäft Haase KG Berlin
Juni 20.. bis Sept. 20..	Aushilfskraft im Restaurant „Da pietro" Berlin

Interessen und erworbene Fähigkeiten

Mitglied im Sportverein Blau-Gelb Berlin
Erwerb des Tanzabzeichens in Gold
Abonnentin der Modezeitschrift „Life & Woman"

Erwerb des „PC-Führerscheins" in Hauptschule Berlin, Microsoft Office

Führerschein Klasse A1
Grundkenntnisse in Englisch und Italienisch

Berlin, 20..-07-20

Viola König

Im folgenden Text erfahren Sie noch etwas mehr über den **Europäischen Lebenslauf** von der Europäischen Union:

Europass – eine bekannte Größe in Europa

Der Europass-Lebenslauf ist in Europa eine feste Größe: Er ist benutzerfreundlich und bei Arbeitgebern und Bildungseinrichtungen bestens bekannt.

Erst musst du dein Europass-Profil erstellen und dabei Angaben zu deiner allgemeinen oder beruflichen Bildung sowie zu Arbeitserfahrung und Kompetenzen machen. Nach der Erstellung deines Europass-Profils kannst du mit wenigen Klicks so viele Lebensläufe erstellen, wie du möchtest. Du entscheidest, was in deinem Lebenslauf stehen und wie er aussehen soll – den Rest macht Europass.

Du kannst Lebensläufe in 30 Sprachen erstellen, speichern und weiterleiten. Du kannst deinen Europass-Lebenslauf herunterladen, ihn in deiner Europass-Bibliothek speichern oder mit Arbeitgebern, EURES oder anderen Arbeitsvermittlungen teilen.

Quelle: europass: Europass – eine bekannte Größe in Europa, abgerufen unter: europa.eu/europass/de/create-europass-cv [01.10.2023].

Von der Arbeit berichten

Florian MUSTER

Geburtsdatum: 06/04/1995 | **Staatsangehörigkeit:** deutsch |

Geschlecht: männlich | **Telefonnummer:** (+49) 123456789 (Privatwohnsitz) |

Telefonnummer: (+49) 17788855522 (Mobiltelefon) | **E-Mail-Adresse:**

muster@beispieladresse.de |

Adresse: Musterstraße 55, 50667, Köln, Deutschland (Privatwohnsitz)

● BERUFSERFAHRUNG

15/07/2015 – 15/07/2016 Meran, Italien
AUSLANDSPRAKTIKUM AUF EINEM BAUERNHOF IN ITALIEN BIOHOF WALLENSTEINER

- Tierversorgung (Fütterung, Stall ausmisten)
- Kühe eintreiben
- Heuernte
- Böden eggen, düngen
- Einblick in die Organisation des Betriebs

Anschrift Musterweg 1, 39012, Meran, Italien

06/04/2013 – 12/04/2014 Köln
AUSHILFSKRAFT IM GARTEN- UND LANDSCHAFTSBAUBETRIEB GARTEN- UND LANDSCHAFTSBAUBETRIEB MUSTER

- Beete und Pflanzen pflegen
- Unterstützung bei der Anlegung neuer Beete
- Unkraut jäten
- Rasen mähen
- Kompost bearbeiten

Anschrift Musterstraße 27, 50148, Köln

Der Lebenslauf erstellen

● ALLGEMEINE UND BERUFLICHE BILDUNG

01/08/2016 – 31/07/2019 Seekirchen, Österreich
AUSBILDUNG ZUM GÄRTNER - LANDSCHAFTSGÄRTNEREI Gärtnerei Maier

Anschrift Hauptstraße 1, 5201, Seekirchen, Österreich

05/07/2009 – 20/06/2015 Köln
MITTLERE REIFE Geschwister-Scholl-Realschule

Anschrift Musterstraße 5, 50823, Köln | **Nationale Einstufung** DQR 3

● SPRACHKENNTNISSE

Muttersprache(n): **DEUTSCH**

Weitere Sprache(n):

	VERSTEHEN		SPRECHEN		SCHREIBEN
	Hören	Lesen	Zusammenhängendes Sprechen	An Gesprächen teilnehmen	
ENGLISCH	B1	B2	B1	B1	B1

Stufen: A1 und A2: Elementar; B1 und B2: Selbstständig; C1 und C2: Kompetent

● DIGITALE KOMPETENZEN

Microsoft Office

● ZUSÄTZLICHE INFORMATIONEN

FÜHRERSCHEIN

Führerschein: A1

ORGANISATORISCHE KOMPETENZEN

Ein guter Manager Ich bin organisiert, strukturiert und kann gut Prioritäten setzen.

HOBBYS UND INTERESSEN

Musik Ich spiele Gitarre in einer Band. Unsere Musik ist eine Mischung zwischen Punk und Ska. Wir treten oft in Clubs und Kneipen auf.

KOMMUNIKATIONSFÄHIGKEIT UND SOZIALKOMPETENZ

Teamplayer Ich werde als empathisch, kompromissbereit und freundlich beschrieben.

FREIWILLIGENAKTIVITÄTEN

Jugendfeuerwehr Ich bin seit 2019 Mitglied bei der Jugendfeuerwehr im Stadtfeuerwehrverband Köln e.V., weil mir soziales Engagement immer sehr wichtig gewesen ist.

Quelle: europass: Beispiellebenslauf Florian Muster, abgerufen unter: www.europass-info.de/bewerberinnen-und-bewerber/lebenslauf-online-erstellen [06.11.2023].

Neben dem Lebenslauf sind dem Bewerbungsschreiben auch alle relevanten Schulzeugnisse, eventuelle Arbeitszeugnisse oder Praktikumssowie Fortbildungsbescheinigungen (z. B. über den Fremdsprachenerwerb oder PC-Fortbildungen) anzufügen – jeweils als Fotokopie.

AUFGABEN

❶ Erstellen Sie Ihren Lebenslauf in traditionell tabellarischer Form.

❷ Erstellen Sie Ihren Lebenslauf in der Form des Europäischen Lebenslaufs.

Zusammenfassung

Sprechen und Zuhören

- Sie können anderen gegenüber begründen, warum Sie sich für eine bestimmte ausgeschriebene Stelle interessieren.

Lesen und Schreiben

- Sie können aus einer Stellenanzeige diejenigen Informationen herausfiltern, die für das Abfassen eines Bewerbungsschreibens relevant sind.
- Sie können ein Bewerbungsschreiben in der gebotenen Form abfassen.

Sprachregeln und Sprachgebrauch

- Sie können verschiedene Rechtschreibregeln bei der Anfertigung der Bewerbungsunterlagen nutzen.

Mit Medien umgehen

- Sie können Stellenanzeigen in entsprechenden Internetportalen auswerten.

Arbeitstechniken

- Sie können mithilfe eines Textverarbeitungsprogramms ein Bewerbungsschreiben korrekt anfertigen.
- Sie können mithilfe eines Textverarbeitungsprogramms einen Lebenslauf anfertigen.

4 Beruflich kommunizieren

4.1 Informationen mündlich weitergeben

Berichten/Eine Übergabe durchführen/Telefonieren/Beraten/Angemessen sprechen

4.2 Schriftlich berichten

Berichte umgeben uns/Eine Skizze verstehen/Berichte im beruflichen Zusammenhang

4.3 Das Berichtsheft führen

Bedeutung von Berichtsheften/Praktikumsberichte

4.4 Ein Gesprächsprotokoll schreiben

Protokollarten/Hinweise zur Protokollführung

Beruflich kommunizieren

Ob zu Hause oder am Ausbildungsplatz – immer wieder kommt man in Situationen, in denen man etwas besprechen, jemandem etwas erklären oder von einem Ereignis berichten muss. Damit dies gut gelingt, muss man einige Punkte bedenken.

Es ist wichtig, sich darüber Gedanken zu machen, warum man Informationen weitergibt und welche Informationen die andere Person wirklich braucht. Diese Überlegungen führen dazu, dass man unwichtige Dinge auslässt und möglichst genau und informativ zusammenfasst, um was es geht. Das hilft den Zuhörenden, die Inhalte zu verstehen und einzuordnen. Am Arbeitsplatz werden dadurch oft Arbeitsabläufe vereinfacht und können auch bei Beteiligung mehrerer Personen gut gelingen. Je mehr Menschen zusammenarbeiten, umso wichtiger ist es, für einen guten Informationsaustausch zu sorgen. Persönliche Wertungen („Das war wirklich blöd von ihm!") sind in einem solchen Zusammenhang in der Regel nicht gefragt und führen dazu, dass die sprechende Person gefühlsbetont und unprofessionell wirkt.

Wer am Arbeitsplatz gut kommunizieren kann, ist ein wertvolles Mitglied des Betriebs. Firmenleitungen schätzen Praktikantinnen/ Praktikanten und Auszubildende, die ihre Anliegen freundlich und klar formulieren können und bei denen man sich darauf verlassen kann, dass sie wichtige Informationen weitergeben.

4.1 Informationen mündlich weitergeben

Von der Arbeit berichten

Oft kommt es vor, dass man im Praktikum oder in der Ausbildung vom Chef oder der Chefin gefragt wird, wie weit man schon mit dem Auftrag gekommen sei oder was man bisher gemacht habe. Solche Gespräche sind wichtig, damit die Arbeit gut gelingen kann. Außerdem ist es so möglich, über Schwierigkeiten zu berichten oder um Hilfe zu bitten. Die Gespräche werden in der Regel persönlich geführt, manchmal aber auch am Telefon. Bei solchen Gesprächsanlässen geht es vor allem um folgende Punkte:

- Was haben Sie bisher getan? Welche Arbeitsschritte sind schon fertig?
- Gab es Schwierigkeiten? Sind Probleme aufgetreten?
- Brauchen Sie Unterstützung?
- Muss/Kann jetzt jemand anderes übernehmen oder führen Sie die Arbeit fort?
- Wann wird die Arbeit voraussichtlich fertig sein?

Wenn man gefragt wird, ist es wichtig, ehrlich über Probleme zu sprechen, aber auch deutlich zu machen, was schon gut geklappt hat. Dies dient nicht nur dem Austausch von Informationen, sondern trägt auch zu dem Bild bei, das von Ihnen entsteht. Es kann auch sinnvoll sein, selbst ein solches Gespräch zu suchen, z. B. wenn man einen Arbeitsauftrag abgeschlossen hat oder wenn Unklarheiten bei der Durchführung bestehen.

AUFGABE

Nehmen Sie sich kurz Zeit, um sich Stichworte zu einer Arbeitssituation (z. B. im Praktikum oder zu Hause) zu machen, die Sie kürzlich erlebt haben. Berichten Sie einer Mitschülerin oder einem Mitschüler von der Durchführung dieses Arbeitsauftrags. Bedenken Sie dabei die oben aufgeführten Fragen.

Eine Übergabe durchführen

Eine Übergabe bedeutet, dass eine arbeitende Person z. B. beim Wechsel einer Schicht oder bei einem neuen Arbeitsschritt die Ablösung über den aktuellen Stand der Arbeit informiert. In manchen Berufen ist eine solche Übergabe formalisiert und vorgeschrieben, damit nichts Wichtiges aus dem Blick gerät. Dies braucht man vor allem dann, wenn man regelmäßig bei einer noch nicht fertiggestellten Tätigkeit abgelöst wird und jemand anders die Arbeit fortsetzen muss. In der Arbeit mit Menschen ist eine solche Übergabe von besonderer Bedeutung. Sie kann als persönliches Gespräch oder als Notiz in einer entsprechenden Dateiablage erfolgen.

AUFGABE

Überlegen Sie, in welchen Berufen eine solche formale Übergabe notwendig sein könnte. Nennen Sie drei solcher Berufe. Die Bilder helfen Ihnen dabei. Warum ist ein Austausch von Informationen hier besonders wichtig?

Ein Telefonat führen

Die meisten Menschen telefonieren oft, meistens mit Familienangehörigen oder befreundeten Personen. Auch in vielen Berufen ist Telefonieren wichtig. Dabei kann es sich um ein Gespräch mit Kolleginnen und Kollegen, aber auch um eins mit Kundinnen oder Kunden handeln.

Sich zu melden, sollten Sie üben. Lächeln Sie beim Telefonieren. Man hört es.

Egal mit wem Sie telefonieren, Freundlichkeit und gute Verständlichkeit sind immer wichtig. Wenn das Telefongespräch im Rahmen Ihres

Praktikums oder der Ausbildung stattfindet, müssen Sie immer bedenken, dass die Wirkung, die Sie erzeugen, ein bestimmtes Licht auf Ihren Betrieb wirft. Die Kundin oder der Lieferant wird nicht Sie persönlich, sondern die gesamte Firma für freundlich oder unfreundlich halten. Es ist daher besonders wichtig, dass Sie sich an die folgenden Grundregeln für Telefonate halten.

In einem solchen beruflichen Telefonat sind einige Verhaltensregeln hilfreich:

- Zu Beginn des Gesprächs sollten Sie sich immer mit dem Namen melden, bei Bedarf auch mit dem Namen der Firma.
- Sie sollten klar und deutlich sprechen.
- Sie sollten Zettel und Stift bereithalten, um sich Notizen zu machen.
- Für einen möglichen Rückruf sollten Sie sich den Namen, das Anliegen in Stichworten und die Telefonnummer notieren.
- Bei Bedarf sollten Sie andere über das Telefonat informieren.

Beraten

Kundinnen und Kunden persönlich zu begrüßen und an die richtige Ansprechperson weiterzuleiten, kommt in einer Ausbildung häufig vor. Manchmal tut man dies sogar schon in einem Praktikum. Wenn die Berufsausbildung weiter fortgeschritten ist, kommen dann oft auch Aufgaben wie die ausführliche Beratung hinzu. Wie dies genau abläuft, ist von Beruf zu Beruf unterschiedlich. Besonders wichtig sind solche beratenden Tätigkeiten in allen Verkaufsberufen und in sozialen Berufsfeldern wie der Kinderpflege oder in Gesundheitsberufen.

Beruflich kommunizieren

Es gibt Gemeinsamkeiten aller Berufe, die im Kontakt zu Kundinnen und Kunden wichtig sind:

- freundliche Begrüßung, je nach Situation auch Vorstellung (Name)
- ruhiges Auftreten auch in anstrengenden Situationen („Der Kunde ist König!")
- angemessene Sprache
- freundliche Verabschiedung

Diese Punkte einzuhalten, ist sehr wichtig. Der erste Eindruck, den Sie erzielen, fällt immer auf die Firma zurück, ganz gleich ob er positiv oder negativ ist.

AUFGABE

Bilden Sie Dreiergruppen. Führen Sie zu zweit ein Rollenspiel eines Kundengesprächs durch. Den beruflichen Zusammenhang sprechen Sie vorher gemeinsam ab, es kann eine Situation sein, die Sie selbst in Ihrem Praktikum oder auf der Kundenseite erlebt haben. Die dritte Person beobachtet das Gespräch und gibt Ihnen Rückmeldung, ob Sie die oben genannten wichtigen Punkte eingehalten haben.

Eine angemessene Sprache finden

Wer sich mit Freundinnen und Freunden unterhält, muss meist nicht auf seine Wortwahl und eine korrekte Sprache achten, denn im Freundeskreis versteht man sich problemlos. Das gilt auch für Gespräche in der Familie. Immer dann, wenn man eine Person gut kennt, kann man davon ausgehen, dass sie einen richtig versteht. Dennoch können auch in privaten Gesprächen Missverständnisse entstehen.

Im beruflichen Bereich ist es aber besonders wichtig, sich angemessen auszudrücken. Hier begegnet man Menschen, die man nicht kennt und bei denen die eigenen Äußerungen einen prägenden ersten Eindruck hinterlassen. Dieser lässt sich dann nur noch schwer ändern.

Die folgenden Ratschläge helfen, die richtige Sprache zu finden:

- Alle Personen, die man nicht kennt, werden grundsätzlich mit „Sie" angesprochen.
- Lockere Ausdrücke, Schimpfworte oder Jugendsprache sind unpassend.
- Es ist besser, in ganzen Sätzen zu sprechen als nur in Stichworten.

AUFGABE

Bearbeiten Sie das folgende Gespräch. Finden Sie Formulierungen, die Ihnen angemessener erscheinen, um bei Ihrer Chefin oder Ihrem Chef einen guten Eindruck zu machen. Achten Sie dabei auf die Ratschläge auf der vorangegangenen Seite.

Chef: Guten Morgen, sind Sie schon fertig?
Azubi: Morgen, Alter, was geht? Yap!
Chef: Hat alles gut geklappt?
Azubi: Geht so …
Chef: Gab es Probleme?
Azubi: Eigentlich nicht …
Chef: Und warum sagen Sie dann, es geht so?
Azubi: Nur so …

4.2 Schriftlich berichten

Berichte umgeben uns

In unserem Alltag finden wir täglich Berichte, die andere geschrieben haben, um uns zu informieren, z. B. in der Zeitung, im Fernsehen oder im Internet. Solche Texte helfen uns, informiert zu bleiben und Zusammenhänge zu verstehen. Dabei ist es immer wichtig, zu prüfen, wer diese Informationen zusammengestellt hat. Nicht immer kann man solchen Berichten vertrauen.

Auch wir selbst kommen im Privatleben immer wieder in Situationen, in denen wir von Ereignissen berichten müssen. Dies kann z. B. ein Verkehrsunfall sein, eine Zeugenaussage bei der Polizei oder ein Hausbrand, bei dem man die Versicherung über den genauen Hergang informieren muss.

> Ein guter Bericht liefert zu den folgenden W-Fragen die passenden Antworten:
>
> - **Was** geschah?
> - **Wann** geschah es?
> - **Wo** geschah es?
> - **Wer** war beteiligt?
> - **Wie** und **warum** geschah es?
> - **Welche** Folgen hatte das Geschehen?

Außerdem bringt er die Ereignisse in eine logische Reihenfolge und verwendet eine klare und genaue Sprache.

Brief an die Versicherung

Das habe ich mir schon so gedacht, dass der Autofahrer nichts zugibt. Das ist wieder typisch!

So war es wirklich:

Wir standen vor der Schule und unterhielten uns noch über den heutigen Unterricht, als meine Freundin Ute mit ihrem Roller den Schulparkplatz verlassen wollte. Sie hat nach beiden Seiten
5 *geguckt, dass kein Fahrzeug kam, bevor sie nach rechts auf die Schulstraße eingebogen ist. Als sie gerade die Hauptstraße erreicht hatte, hörten wir von links durchdrehende Reifen und fragten schon: „Wer muss den wilden Max markieren?" Nur einen Augenblick später kreischten Bremsen, und ein lauter Knall war zu hören. Wir rannten sofort hin, weil wir nur an Ute dachten. Wie erleichtert waren wir, als wir sahen, dass sie und ihr Roller heil geblieben waren. Dafür steckte ein*
10 *Sportwagen mit so einem Möchtegern-Rennfahrer in der Front eines roten Kleinwagens, der schon seit der ersten Pause vorschriftsmäßig auf der gegenüberliegenden Straßenseite abgestellt war.*

Der Typ hat wahrscheinlich telefoniert oder seine Musikanlage bedient und deswegen nicht auf andere Verkehrsteilnehmer geachtet. Außerdem muss er viel zu schnell gewesen sein. Erst im letzten Moment hat er Ute gesehen und dann das Steuer herumgerissen. Dann rammte er trotz
15 *Vollbremsung das rote Auto. Es gab ein großes Theater, als dieser Kerl behauptete, Ute sei einfach auf die Hauptstraße gefahren. Tja, da hat er aber Pech gehabt! Ich bin eine gute Beobachterin. Und er hat fast geheult, weil sein Auto nun ziemlich verbeult ist. Das muss er selbst bezahlen. Wenn er andere hereinlegen will, muss er schon früher aufstehen.*

Melanie Busch

AUFGABE

Formulieren Sie aus den Angaben des Briefs an die Versicherung einen Bericht, der die oben genannten W-Fragen beantwortet. Beachten Sie, dass die eigene Meinung und wörtliche Rede in einem solchen Bericht keinen Platz haben. Verwenden Sie dabei eine angemessene Sprache (siehe S. 48).

Eine Skizze verstehen

Es kommt auch vor, dass wir Informationen bekommen, die in einer Skizze oder Zeichnung dargestellt werden. Dann ist es wichtig, genau nachzusehen, welche Informationen auf diesem Bild zu erkennen sind. Nur dann kann man diese weiterverarbeiten.

Gute Zeichnungen können helfen, Informationen anschaulicher darzustellen. Man kann sich dann den Verlauf des Ereignisses besser vorstellen.

AUFGABEN

1. Betrachten Sie die Unfallsituation auf dem oben stehenden Bild. Formulieren Sie zu diesem Unfall einen kurzen Bericht. Ergänzen Sie Angaben, die aus der Skizze nicht hervorgehen, indem Sie sich diese Informationen ausdenken.

2. Zeichnen Sie eine Skizze zu dem Unfall, um den es in dem Brief an die Versicherung (siehe S. 50 geht.

Berichte im beruflichen Zusammenhang

Auszubildender Müller im Gespräch mit einem anderen Azubi in der Berufsschule:

„Da ist mir etwas wirklich Blödes passiert! Ich hatte gerade angefangen zu arbeiten und war noch nicht richtig wach, es war ja auch erst 4 Uhr. Und freitags bin ich sowieso nie so konzent-
5 *riert, da denke ich halt schon ans Wochenende. Na, und der 13. war auch noch! Da muss ja alles schiefgehen! Ich laufe also durch die Backstube, um den Ofen zu kontrollieren, da rutschte ich auf einmal weg und landete unsanft auf dem*
10 *Allerwertesten. Die drei frisch geputzten Backbleche, die ich in der Hand hatte, schlugen mir dabei natürlich aus der Hand und eine Kante erwischte mich am Auge. Als würde das*

nicht reichen, knallte ich auch noch mit dem Kopf gegen die Teigmaschine. Mir wurde richtig
15 *schwarz vor Augen, und als ich wieder aufwachte, beugte sich ein Notarzt über mich. Im Betrieb*

herrschte ein ganz schönes Spektakel wegen mir, und der Arzt bestand darauf, dass ich mich im Krankenhaus untersuchen lasse. Ich konnte dann zwar am selben Tag nach Hause gehen, war aber wegen eines blauen Auges und starker Kopfschmerzen drei Tage lang krankgeschrieben. Jetzt geht es mir aber wieder gut."

Geselle Peters im Gespräch mit dem Ausbilder:

„Ich weiß auch nicht, wie das passieren konnte. Sonst passe ich mit dem Öl immer auf, aber dieses Mal war alles so hektisch, da muss ich was verschüttet haben. Wenn ich das gemerkt hätte, hätte ich es ja wegewischt, aber so – ich hörte nur noch den Schlag und sah Jonas da liegen. Mehr als erste Hilfe leisten und den Notarzt rufen konnte ich dann ja nicht mehr. Wenigstens war der schnell da, bei den Wetterverhältnissen in diesem Januar hätten wir da auch Pech haben können."

Ausbilder Schmitt im Gespräch mit seiner Frau:

„Meine Güte, heute war vielleicht was los im Betrieb. Der Jonas, unser Azubi, ist auf einer Öllache ausgerutscht und hat sich böse den Kopf angestoßen. Der Ralf hatte das Fett für die Berliner durch die Backstube getragen und nicht gemerkt, dass er was verschüttet hatte. Kurz darauf liegt der Kerl auch schon da, mitsamt den Backblechen. Richtig weggetreten war der. Ralf hat sofort den Notarzt gerufen und der kam auch schnell und nahm den Jungen mit. Gott sei Dank war er wenigstens mittlerweile wieder aufgewacht. Ich selbst hatte an den Öfen gestanden und war erst durch das Geschrei auf die Sache aufmerksam geworden. Der Azubi ist aber auch wirklich etwas ungeschickt!"

Schriftliche Berichte werden auch im Zusammenhang mit der Ausbildung oder Arbeit gebraucht. Vor allem, wenn etwas Unvorhergesehenes passiert, kann es notwendig sein, einen Bericht zu schreiben. Bei dem Lesetext oben ist so etwas passiert: Es ist zu einem Arbeitsunfall gekommen. In den mündlichen Aussagen, die im privaten Bereich stattfinden, achten die Beteiligten oft nicht darauf, die Ereignisse möglichst informativ, neutral und sprachlich angemessen zusammenzufassen. Stattdessen schmücken sie die Ereignisse aus und bewerten sie.

AUFGABEN

1. Lesen Sie die Zeugenaussagen im Lesetext und notieren Sie sich stichwortartig die wichtigen Informationen. Lassen Sie Wertungen und Meinungsäußerungen weg. Beachten Sie, dass alle drei Aussagen sich auf dasselbe Ereignis beziehen.

2. Bringen Sie diese Informationen nun mithilfe der W-Fragen in eine sinnvolle Reihenfolge und formulieren Sie einen sachlichen Bericht für die Unfallversicherung des Arbeitsgebers daraus.

4.3 Das Berichtsheft führen

Praktikumsbericht

Praktikumsbericht

Jana Diercke
Klasse: BVJ Technik
Berufsbildende Schule
Schöningheim

 Kroschke

Praktikumsbetrieb:
Kroschke sign-international GmbH
als Fachkraft für Lagerlogistik
vom 10.1.20.. bis 31.1.20..

1. Praktikumswoche Name: _____
Tagesberichte   vom _____ bis _____

Montag		Datum:	
Abteilung	von	bis	verrichtete Arbeiten

Dienstag		Datum:	
Abteilung	von	bis	verrichtete Arbeiten

Mittwoch		Datum:	
Abteilung	von	bis	verrichtete Arbeiten

Donnerstag			
Abteilung	von	bis	verrichtete Arbeiten

Während eines Praktikums dient ein Praktikumsbericht als Nachweis für die Arbeit im Betrieb.

Bedeutung des Berichtshefts

Jede Berufsausbildung muss vorgeschriebene Teile enthalten. Denn wenn man z. B. eine Malergesellin oder einen Malergesellen in seiner Wohnung arbeiten lässt, muss man sich darauf verlassen können, dass diese oder dieser gelernt hat, wie man tapeziert oder welche Arten von Farben man für ein Badezimmer verwenden kann. Um sicherzugehen, dass die Auszubildenden auch tatsächlich im Ausbildungsbetrieb und in der Berufsschule all das gelernt haben, was in der Ausbildungsordnung rechtlich vorgeschrieben ist, muss man in der Ausbildung ein Berichtsheft führen.

Die Form eines Berichtshefts kann je nach Beruf oder zuständiger Kammer etwas unterschiedlich aussehen, der Zweck ist aber immer derselbe. Es geht darum, schriftlich festzuhalten, was gelernt wurde. Dies gilt sowohl für die Arbeit im Ausbildungsbetrieb als auch für die Berufsschule. Der Ausbilder bzw. die Ausbilderin prüft dieses Dokument regelmäßig und bestätigt es mit einer Unterschrift. Oft ist eine Zulassung zur Abschlussprüfung davon abhängig, ob das Berichtsheft vollständig vorliegt.

 Wenn Sie ein Praktikum ableisten, ist es sinnvoll, das Führen eines Berichtshefts hier schon einmal einzuüben.

AUFGABE

Erkundigen Sie sich nach den Tätigkeiten in Ihrem Wunschberuf oder in Ihrem Praktikumsberuf. Erstellen Sie eine Liste mit mindestens 15 Tätigkeiten, die im Laufe der Ausbildung in diesem Beruf anfallen können. Achten Sie auf kurze, sachliche Formulierungen.

4.4 Ein Gesprächsprotokoll schreiben

Wenn Menschen sich am Arbeitsplatz, im Verein oder in anderen Zusammenhängen treffen, um etwas Wichtiges zu besprechen, ist es sinnvoll, das Ergebnis dieser Besprechung schriftlich festzuhalten. Auf diese Weise kann man später darauf zurückgreifen und die Absprache ist damit für alle überprüfbar.

Für solche Fälle schreibt man ein Protokoll. Es ist auf die Information der Lesenden ausgerichtet und enthält keine Meinungsäußerungen der Person, die das Protokoll schreibt. Daher ist es dem Bericht in der Sprache und dem Ziel sehr ähnlich.

Man unterscheidet zwei Arten von Gesprächsprotokollen: das Verlaufsprotokoll und das Ergebnisprotokoll.

Beim **Verlaufsprotokoll** wird genau festgehalten, wer was wann gesagt hat. Das kann so weit gehen, dass auch Zwischenrufe und Gelächter protokolliert werden. Ein solches Protokoll braucht man z. B. in Gerichtsverhandlungen oder für Diskussionen im Landtag oder im Bundestag, sonst ist es aber eher selten zu finden.

In vielen anderen Situationen reicht ein **Ergebnisprotokoll**, in dem festgehalten wird,

- worüber gesprochen wurde,
- wer beteiligt war und
- zu welchem Ergebnis man gemeinsam gekommen ist.

Falls es eine Abstimmung gegeben hat, wird auch deren Ergebnis hier festgehalten. Wenn mehr als ein Thema besprochen wird, gliedert man das Protokoll außerdem nach den Tagesordnungspunkten (TOPs). Dies sind die einzelnen Themen, über die gesprochen wurde, in der Reihenfolge ihrer Bearbeitung.

Es ist sehr wichtig, vor einer Besprechung zu klären, ob ein Protokoll geschrieben werden soll, welche Art von Protokoll es sein muss und wer es schreibt. In vielen Betrieben gibt es bereits leere Formulare für solche Dokumente, die dann mit den konkreten Daten gefüllt werden können.

Wer ein Protokoll führt, ist für die Inhalte zunächst verantwortlich. Daher sollte man Folgendes tun:

- konzentriert zuhören;
- sich melden, wenn man etwas nicht verstanden hat oder nicht mitgekommen ist;
- versuchen, Wichtiges von Unwichtigem zu unterscheiden;
- Stichpunkte notieren;
- das fertig geschriebene Protokoll unterschreiben.

Nach der Besprechung wird das Protokoll auf der Grundlage der Notizen fertiggestellt. Die Person, die es geschrieben hat, die also die Protokollführung hat, legt es in der Regel dem oder der Vorgesetzten zur Überprüfung vor. Diese verteilt es dann an alle Teilnehmenden.

AUFGABE

Legen Sie in einem Textverarbeitungsprogramm eine Vorlage für ein Protokoll in Form einer Tabelle an. Die Protokollvorlage sollte folgende Punkte enthalten: Datum des Gesprächs, teilnehmende Personen, wichtige Inhalte und Ergebnisse gegliedert nach Tagesordnungspunkten.

Bei allen Formen der beruflichen Kommunikation kommt es vor allem auf den guten Willen aller Beteiligten an. Begegnen Sie Ihren Gesprächspartnerinnen und Gesprächspartnern offen und freundlich und gehen Sie grundsätzlich davon aus, dass man Ihnen ebenso begegnen will. Ein Lächeln hilft manchmal mehr als lange Erklärungen. Wenn Sie sich von einer Gesprächssituation überfordert fühlen, bleiben Sie ruhig und versuchen Sie, sich Hilfe zu holen. Es ist für einen Mitarbeitenden, der sich im Praktikum oder der Ausbildung befindet, normal, dass man sich gelegentlich unsicher fühlt und nicht alle Fragen beantworten kann. Dass Sie Ihr Gegenüber ernst nehmen, höflich sind und sich um eine gute Außenwirkung für die eigene Firma bemühen, darf Ihr Chef oder Ihre Chefin aber von Ihnen erwarten.

Zusammenfassung

Sprechen und Zuhören

- Sie kennen die Bedeutung höflicher und angemessener Kommunikation.
- Sie können Informationen so weitergeben, dass andere damit arbeiten können.

Lesen und Schreiben

- Sie kennen den Aufbau eines Berichts.
- Sie kennen den Aufbau eines Gesprächsprotokolls.
- Sie können passende Formulierungen wählen, wenn Sie solche Texte schreiben.

Sprachregeln und Sprachgebrauch

- Sie können die Höflichkeitsformen korrekt verwenden und schreiben.
- Sie können angemessene Formulierungen finden.

Mit Medien umgehen

- Sie können ein Telefongespräch im beruflichen Rahmen angemessen führen.

Arbeitstechniken

- Sie können ein Berichtsheft führen.

5 Beschreiben

5.1 Meine Umgebung beschreiben

5.2 Tätigkeiten beschreiben

5.3 Schaubilder beschreiben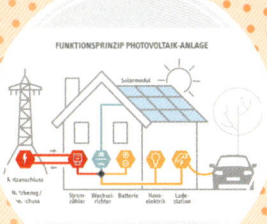

Gegenstände und Personen

Vorgangsbeschreibungen

Grafiken und Diagramme

5.1 Meine Umgebung beschreiben

Bei einer Beschreibung beginnen Sie am besten damit, das zu Beschreibende genau zu beobachten bzw. wahrzunehmen. Wenn Sie im Klassenraum sitzen und Ihre Umgebung beschreiben, müssen z. B. **Gegenstände** und/oder **Personen** genau optisch erfasst werden. Bei Gegenständen müssen z. B. jeweils Angaben gemacht werden über folgende Punkte:

- die Form,
- die Größe,
- die Farbe(n),
- das Material und seine Oberflächenbeschaffenheit,
- das Gewicht und besondere Merkmale des Gegenstands (z. B. die Funktion des Gegenstands).

Schnell stellt sich beim Beschreiben heraus, dass die wichtigsten Wortarten **Substantive** (Hauptwörter) und **Adjektive** (Eigenschaftswörter) sind. **Präpositionen** (Verhältniswörter) werden herangezogen, um das Verhältnis zwischen Gegenständen zu beschreiben, beispielsweise: auf, neben, vor, hinter, an, unter, über, zwischen.

Sinnvolle Wortverbindungen können z. B. sein: am oberen (unteren) Ende, auf der linken (rechten) Seite, am linken (rechten) Rand, im Mittelpunkt des/der, parallel zum/zur.

In der Beschreibung eines Gegenstands werden häufig Vergleiche sprachlich genutzt, z. B.: kugelförmig, kreisrund, tropfenförmig, feuerrot, kreuzförmig, baumhoch, meterdick.

Die Beschreibung gehört zu den sogenannten **Sachtexten** – im Unterschied zu den literarischen Texten (z. B. Roman, Kurzgeschichte). Eine Beschreibung sollte **objektiv** (also nicht wertend) abgefasst sein, als **Tempus** (Zeitform) wird das **Präsens** (die Gegenwart) gewählt.

 Bitte beachten: Beschreibungen werden nicht wertend und in der Gegenwartsform geschrieben.

Gerade **Personenbeschreibungen** werden häufig eher als subjektiv wahrgenommen, was an den Einschätzungen der Beobachterin oder des Beobachters liegt. Bei Personenbeschreibungen werden folgende **Merkmale der Person** als wichtig angesehen:

- Größe,
- Gewicht bzw. Statur,
- Alter,
- Kopfbedeckung,
- Frisur,
- Kleidung,
- Schuhwerk,
- besondere Auffälligkeiten (wie z. B. ein Tattoo)

AUFGABEN

1. Bei der Anfertigung einer Beschreibung sollten Sie nicht immer dieselben Wörter bei Folgesätzen verwenden. So vermeiden Sie unschöne Wortwiederholungen. Man sucht dann nach passenden Ersatzwörtern, die mehr oder weniger das Gleiche bedeuten. Diese Wörter werden **Synonyme** genannt. Suchen Sie nun nach Synonymen für folgende Substantive: Auto, Bekleidungsteile, Gaststätte.

2. Bei Wörtern, die eine ähnliche Bedeutung haben und zur jeweils gleichen Wortart zählen, wird auch von einem

Beschreiben

Wortfeld gesprochen. So gehören zum Wortfeld „sagen" z. B. äußern, sprechen, antworten, rufen, erwidern, mitteilen. Nennen Sie Wörter, die zum Wortfeld „transportieren" gehören.

❸ Bei einer Beschreibung, z. B. der Einrichtung einer Werkstatt, kann es schnell passieren, dass bei einer Aufzählung von Gegenständen Ober- und Unterbegriffe fehlerhaft nebeneinandergesetzt werden. Bilden Sie von folgenden Begriffen den Oberbegriff: Hammer, Meißel, Zange, Säge.

❹ Erstellen Sie von dem Klassenraum, in dem Sie sich gerade befinden, eine Beschreibung der Einrichtungsgegenstände.

❺ Erstellen Sie von einem Klassenmitglied eine Personenbeschreibung und stellen Sie diese anschließend der Klasse vor.

5.2 Tätigkeiten beschreiben

Bei der Absolvierung eines Praktikums müssen für den Praktikumsbericht in der Regel auch **Vorgangsbeschreibungen** angefertigt werden. Dabei ist es vor allem wichtig, die zeitliche Abfolge einzelner Prozessschritte genau anzugeben. Sie sollten daher die richtigen **Verben** (Tätigkeitswörter) auswählen, die den Vorgang präzise sprachlich beschreiben. Außerdem sollten gleiche Satzanfänge in Folgesätzen vermieden werden.

Für die genaue Erläuterung der Abfolge der einzelnen Prozessschritte in einer Vorgangsbeschreibung können die folgenden Begriffe – gerade auch als Satzanfang – sinnvoll genutzt werden:

– zunächst	– anschließend
– zu Beginn	– als Zweites
– als Erstes	– daraufhin
– danach	– schließlich
– dann	– als Letztes

Gerade bei Tätigkeitsbeschreibungen werden **Hauptsätze** mit **Nebensätzen** verbunden, um z. B. zeitliche Abfolgen oder gleichzeitig ablaufende Prozesse zu beschreiben.

> Hauptsätze haben inhaltlich für sich allein genommen einen Sinn, Nebensätze jedoch nicht. Ein Hauptsatz muss mindestens aus einem Subjekt (Satzgegenstand) und einem Prädikat (Satzaussage) bestehen. Einen Nebensatz kann man auch daran erkennen, dass das Verb am Ende des Satzes steht.

Die Unterscheidung von Haupt- und Nebensatz ist auch für die **Kommasetzung** bedeutend. So wird bei den **Temporalsätzen** ein Komma zwischen Haupt- und Nebensatz gesetzt. Ein Temporalsatz ist ein Nebensatz, der ein zeitliches Verhältnis zum Hauptsatz herstellt.

> **Beispiele für die Kommasetzung bei der Verbindung von Haupt- und Nebensatz:**
> - Ich begrüßte den Stammkunden sofort, **als** er das Geschäft betrat.
> - Er holte den Hammer, **bevor** er mit der Reparatur begann.
> - Sie beobachtete die neue Kundin, **während** sie das Telefongespräch führte.

Ein **Nebensatz** kann auch in einen Hauptsatz **eingeschoben** werden – dann müssen zwei Kommas gesetzt werden: Sie war, als es dunkel wurde, noch immer hellwach.

AUFGABEN

1. Entwickeln Sie für ein Praktikum, das Sie in einem Unternehmen gemacht haben, das Deckblatt des Praktikumsberichts.

2. Über welche Inhalte sollte ein Praktikumsbericht Auskunft geben? Erstellen Sie eine Liste.

3. Beschreiben Sie die jeweiligen Prozessschritte, die für die folgenden beruflichen Arbeitsprozesse des Personals typisch sind:
   a) Tätigkeiten im Supermarkt: von der Warenannahme bis zum Verkauf der Ware
   b) Tätigkeiten in der Gärtnerei: von der Einpflanzung der Samen bis zum Verkauf der Pflanze

4. Erklären Sie den Unterschied zwischen Haupt- und Nebensatz.

5. Entscheiden Sie, ob in den folgenden Satzkonstruktionen ein Komma erforderlich ist:
   a) Die Handwerker machten eine Pause bevor sie mit der Reparatur begannen.
   b) Das Verkaufspersonal überprüfte alle Verkaufspreise ehe es das Geschäft eröffnete.
   c) Sie verkaufte das Fahrrad sobald sie die entscheidende Nachricht erhielt.
   d) Die Angestellten bleiben wenn sie krank sind zu Hause.

5.3 Schaubilder beschreiben

Viele (Nachrichten-)Texte in Zeitungen und im Internet enthalten Schaubilder, um Entwicklungen oder Zusammenhänge optisch deutlich zu veranschaulichen. Diese **Grafiken** oder **Diagramme** haben viele Vorteile, da in ihnen oder mit ihnen komplizierte Inhalte häufig einfach und visuell ansprechend dargestellt werden (können).

Allerdings können diese optisch ansprechenden Schaubilder auch nachteilig wirken. Dies ist der Fall, wenn die Darstellung beispielsweise Zusammenhänge beschönigt und kritische Ansätze nicht abbildet. Gerade das Weglassen von entscheidenden Informationen kann zu einer fehlerhaften Interpretation der jeweiligen Grafik führen.

Beispiel für eine Grafik

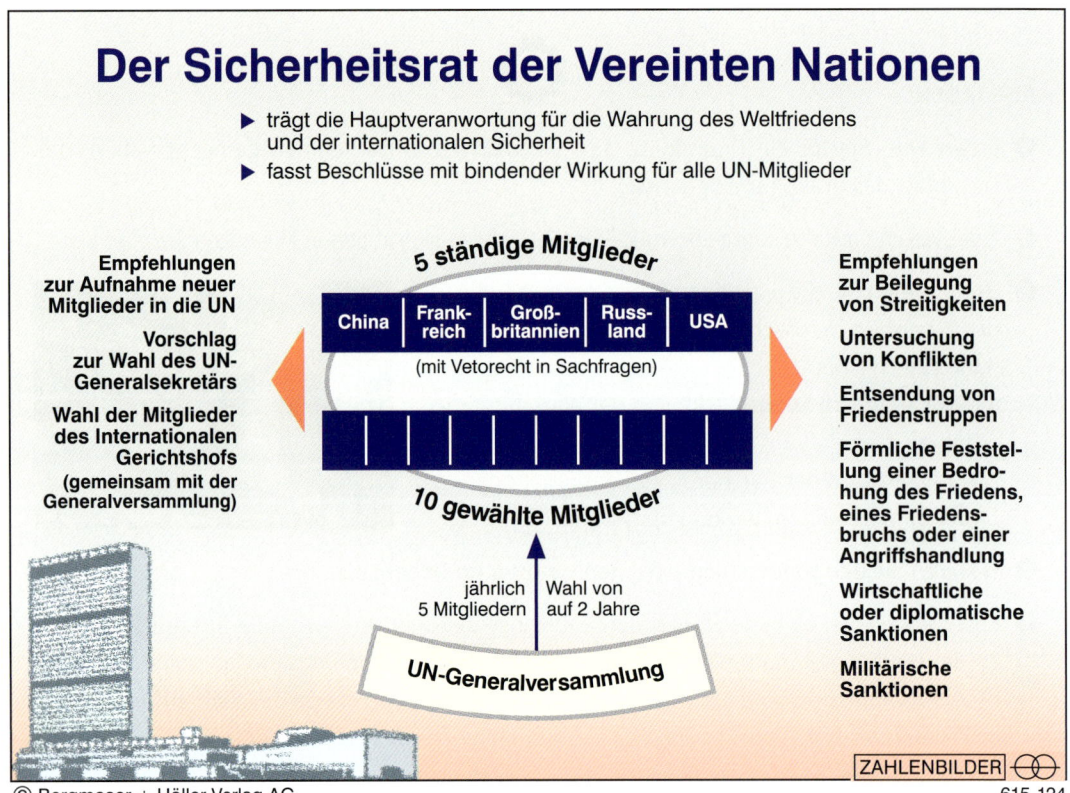

Die Grafik wird sicherlich gerade von den vielen Staaten der „Dritten Welt" eher kritisch gesehen. Viele dieser Staaten fühlen sich durch westliche Großmächte bei der Wahl des Sicherheitsrats der Vereinten Nationen diskriminiert, da sie aufgrund historischer Entwicklungen in der Vergangenheit benachteiligt wurden. Hätte man in der Grafik bei der Nennung der Staaten der Ständigen Mitglieder auch die Einwohnerzahlen dieser Staaten genannt, würden kritische Fragen bei der Ansicht des Schaubilds relativ schnell erfolgen. Als Beispiel sei nur der große Staat Indien genannt, der in Bezug auf die Bevölkerungszahl im Jahre 2023 die Volksrepublik China übertroffen hat. Viele dieser Staaten versuchen seit Jahren, ihr politisches Gewicht in den Vereinten Nationen stärker zur Geltung zu bringen (z. B. auch Brasilien oder Indonesien).

Bei der Untersuchung und Beurteilung von Schaubildern hilft häufig eine Internetsuche nach Begriffen, die in der Grafik selbst genannt werden. So kann man auch kritische Ansichten zum Dargestellten erfahren.

Schaubilder beschreiben ·· 63

AUFGABEN

❶ Suchen Sie aus Zeitungen oder aus dem Internet Grafiken heraus, die Sie inhaltlich interessieren (z. B. zu Themen wie Klimakrise, Arbeitslosigkeit, soziale Gerechtigkeit). Analysieren Sie in Gruppenarbeit die ausgewählten Schaubilder und stellen Sie die Ergebnisse Ihrer Arbeit anschließend der Klasse vor.

❷ Sehen Sie sich die folgende Grafik genau an und fassen Sie anschließend die Inhalte in Kernaussagen zusammen.

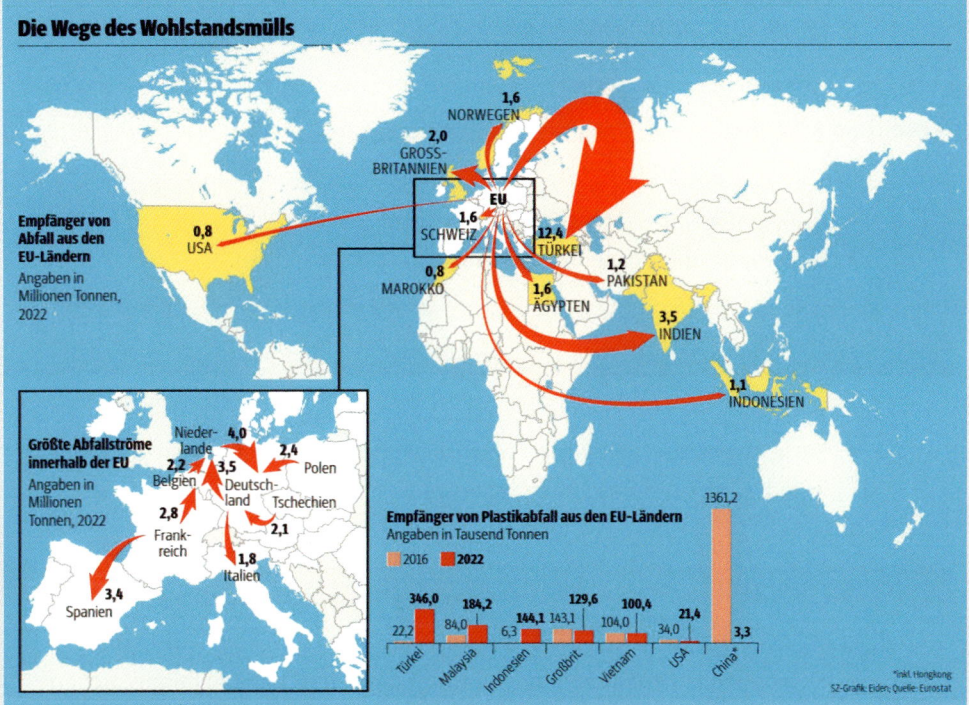

Abfallströme in der Weltwirtschaft

❸ Erkunden Sie in einer Internetrecherche, worin der Unterschied zwischen Balken-, Kreis- und Liniendiagrammen besteht.

Zusammenfassung

Sprechen und Zuhören

- Sie können die wichtigsten Merkmale bei der Anfertigung einer Gegenstandsbeschreibung benennen.
- Sie können die wichtigsten Merkmale bei der Anfertigung einer Personenbeschreibung benennen.
- Sie können die Prozessschritte eines beruflichen Ablaufs beschreiben.

Lesen und Schreiben

- Sie können eine Beschreibung anfertigen.
- Sie kennen unterschiedliche Arten von Beschreibungen.

Sprachregeln und Sprachgebrauch

- Sie können verschiedene Rechtschreib- und Zeichensetzungsregeln bei der Anfertigung einer Beschreibung nutzen.

Mit Medien umgehen

- Sie können auf entsprechenden Internetportalen Grafiken heraussuchen und dazu kritische Anmerkungen zum Dargestellten sammeln.

Arbeitstechniken

- Sie können mithilfe eines Textverarbeitungsprogramms eine Beschreibung korrekt anfertigen.

6 Stellung beziehen

6.1 Die Perspektive beachten

Ihre Meinung ist oft gefragt, privat oder beruflich

6.2 Argumente sammeln

Das Vierohrenmodell von Schulz von Thun

6.3 Richtig diskutieren, Kritik angemessen äußern

Stoffsammlung Quellen prüfen

6.4 Ein Statement abgeben

Wortarten kennenlernen Ihre Meinung in sozialen Medien

6.1 Die Perspektive beachten

Ihre Meinung ist oft gefragt

Immer wieder kommen wir in Situationen, in denen wir nach unserer Einschätzung gefragt werden. In den sozialen Medien, im Gespräch mit Freunden und der Familie oder auch in der Schule äußern sich Menschen zu aktuellen Fragestellungen und Problemen. Oft erwarten sie von Ihnen, dass Sie dazu ebenfalls Stellung beziehen.

Gerade im beruflichen Zusammenhang, aber auch im privaten Rahmen ist es wichtig, dass die eigene Meinung nicht nur auf Gefühlen und allgemeinen Eindrücken, sondern auf sachlichen Argumenten beruht. Wer sich bei der Entwicklung einer eigenen Einschätzung auch in betroffene Personen mit einer anderen Perspektive hineinversetzen kann und das Thema aus verschiedenen Blickwinkeln anschaut, wirkt erwachsen, überlegt und reif.

AUFGABE

Sie sind 16 Jahre alt, machen eine Ausbildung und sind für Mittwochabend in einer Arbeitswoche zum Geburtstag eines guten Freundes eingeladen. Dieser hat gerade Schulferien und auch die anderen eingeladenen Gäste haben am nächsten Tag frei. Sollen Sie an der Feier teilnehmen? Wie lange werden Sie bleiben und werden Sie Alkohol trinken? Überlegen Sie sich, welche Einschätzungen zu diesen Fragen die betroffenen Personen haben könnten – also der Freund, der Geburtstag hat, Ihre Eltern, Ihre Chefin oder Ihr Chef, die Freundin, die nicht gerne allein hinlaufen möchte, und Sie selbst. Gleichen Sie Ihre Ergebnisse mit denen Ihrer Mitschülerinnen und Mitschüler in Ihrer Klasse ab.

Das Vierohrenmodell nach Schulz von Thun

Wenn Menschen miteinander sprechen, gibt es immer wieder die Gefahr von Missverständnissen. Wissenschaftlerinnen und Wissenschaftler haben sich damit beschäftigt, wie wir Äußerungen wahrnehmen und einordnen. Oft leitet uns dabei nicht nur der sachliche Inhalt des Gesagten, sondern auch unsere eigene Vorerfahrung und Stimmung. Eine Rolle spielt auch die Frage, was die oder der andere erwartet, und die Beziehung, in der man zu der anderen Person steht. Es ist wichtig, sich diese verschiedenen Ebenen der Wahrnehmung bewusst zu machen. Wenn es zu einem Missverständnis kommt, lässt es sich durch solche Überlegungen oft klären.

> „Der Drucker ist kaputt."
>
> **Worüber spricht sie?** Das Gerät ist defekt.
>
> **Was will sie von mir?** Ich soll den Drucker reparieren/einen neuen beschaffen.
>
> **Was offenbart sie über sich?** Sie ist gereizt, weil die Arbeitsabläufe gestört sind.
>
> **Wie steht sie zu mir?** Sie traut mir zu, das Problem zu lösen.

Nicht immer nimmt man alle Seiten einer Botschaft wahr und nicht immer sind sie von der Sprecherin oder vom Sprecher auch so gemeint. Im Zweifelsfall klärt man dies am besten durch eine freundliche Rückfrage, z. B. mit „Möchtest du, dass ich dir bei der Reparatur helfe?".

AUFGABE

Lesen Sie die folgenden Aussagen. Überlegen Sie sich zu jedem Satz, was die Zuhörerin oder der Zuhörer daraus verstehen könnte. Nutzen Sie dazu die Fragen im Beispiel oben.

- Es ist heute sehr heiß.
- Ich möchte keinen Kaffee.
- Sind die Schuhe neu?

6.2 Argumente sammeln

Stoffsammlung anlegen

Eine fundierte eigene Meinung zu entwickeln, ist nicht immer einfach. Oft hilft es, die verschiedenen Argumente schriftlich in einer Tabelle zu sammeln. Eine solche Vorgehensweise nennt man „Stoffsammlung". Sie trägt dazu bei, den Überblick zu behalten, und hilft, verschiedene Perspektiven zu bedenken. Auf dieser Grundlage kann man dann entweder kompetent mitdiskutieren oder auch eine schriftliche Stellungnahme verfassen.

Im ersten Schritt schreiben Sie die Argumente auf, die Ihnen selbst einfallen, wenn Sie über das Thema nachdenken. Bedenken Sie auch, was andere Personen mit einer anderen Sicht auf das Thema vielleicht sagen würden.

Quellen prüfen

In einem nächsten Schritt können Sie dann zu der Frage im Internet recherchieren. Dabei ist es sehr wichtig, zu prüfen, von wem die Informationen stammen, mit denen man arbeitet. Empfehlenswert sind Internetseiten, bei denen die Informationen unabhängig geprüft werden, z. B. die Seiten öffentlich-rechtlicher Medien (ard.de, zdf.de, kika.de) oder angesehener Zeitungen, bei denen gut ausgebildete Journalistinnen und Journalisten die Informationen zusammentragen (z. B. faz.de, fr.de, spiegel.de). Auch die Bundeszentrale für politische Bildung (bpb.de) stellt zu aktuellen Themen Informationen zusammen.

STOFFSAMMLUNG

1. Argumente zum Thema auflisten
2. Zur Frage im Internet recherchieren
3. Pro- und Kontraliste der Argumente erstellen

Oft kommen die Seiten, die man über die Suchfunktion im Internet findet, von Organisationen oder Personen, die ein starkes Eigeninteresse an dem Thema haben, z. B. weil sie etwas verkaufen wollen oder die Meinung von Menschen in ihrem Sinne beeinflussen wollen. Solche Internetseiten können Sie ergänzend ansehen, sie sind aber mit Vorsicht zu verwenden.

AUFGABEN

1. Übertragen Sie die folgende Tabelle in Ihr Heft oder auf ein Blatt und füllen Sie sie zu einem der unten genannten Themen aus. Finden Sie mindestens drei Argumente für jede Seite. Recherchieren Sie, wenn nötig, im Internet.

Was spricht dafür?	Was spricht dagegen?

   Mögliche Themen:
   - Soll Cannabiskonsum legalisiert werden?
   - Soll das Wahlalter für alle Wahlen auf 16 Jahre herabgesetzt werden?
   - Sollte an deutschen Schulen eine verbindliche Kleiderordnung bestehen?
   - Sollte die Verwendung von Smartphones in den Pausen erlaubt sein?

2. Überlegen Sie in Ihrer Klasse, welche aktuellen Themen in ähnlicher Weise diskutiert werden könnten. Legen Sie zu einem Thema eine Stoffsammlung an.

6.3 Richtig diskutieren, Kritik angemessen äußern

Wenn Sie die Argumente gesammelt haben, können Sie sich auf dieser Grundlage eine Meinung bilden und diese auch anderen gegenüber gut begründen. Sie sind dann auch darauf vorbereitet, auf die Argumente der anderen einzugehen. Meist geschieht dies im Gespräch. Dabei sind einige Gesprächsregeln zu beachten.

AUFGABE

Bilden Sie Kleingruppen. Überlegen Sie gemeinsam, welche Verhaltensweisen Sie an Gesprächspartnerinnen oder -partnern in einer Diskussion schätzen. Was sollte man vermeiden? Was sind die Voraussetzungen, damit man die Meinung eines anderen ernst nimmt? Listen Sie auf dieser Grundlage Gesprächsregeln auf, die beachtet werden sollten, wenn man miteinander diskutiert. Vergleichen Sie Ihre Ergebnisse mit denen der anderen Gruppen. Gestalten Sie ein gemeinsames Plakat mit den wichtigsten Gesprächsregeln für Ihre Klasse.

6.4 Ein Statement abgeben

Manchmal äußert man die eigene Meinung nicht im Gespräch, sondern in einem schriftlichen oder mündlichen Statement. Als Aufsatzart nennt man dies „Stellungnahme" oder auch „Erörterung". Anders als in einer Diskussion mit anderen gibt es hier kein Gegenüber, das Argumente ergänzt, sondern die Verfasserin/der Verfasser bzw. die Rednerin/der Redner sind selbst dafür verantwortlich, dass beide Seiten berücksichtigt werden. Auch hier ist die Stoffsammlung (→ vgl. Kapitel 6.2) eine wichtige Voraussetzung.

Der Aufbau eines Statements

Einleitung: Das Thema wird in ein bis zwei Sätzen genannt. Der aktuelle Anlass oder die grundsätzliche Bedeutung werden kurz erläutert.

Hauptteil: Die wichtigsten Argumente der Stoffsammlung werden in ganzen Sätzen formuliert. In der Regel geht man dabei zunächst auf eine, dann auf die andere Seite der Stoffsammlung ein (Pro und Kontra). Für jede Seite werden mehrere Argumente genannt. Damit die Argumente übersichtlich und verständlich sind, werden sie mit kurzen Beispielen erklärt. Bei jedem neuen Argument beginnt ein neuer Absatz.

Schluss: Die eigene Meinung wird benannt. Es ist dabei Ihre Entscheidung, für welche Seite Sie sich entscheiden oder ob Sie einen Kompromiss vorschlagen.

Hilfestellung: Der Text in Kapitel 6.5 kann als Beispiel dienen.

Stellung beziehen

AUFGABE

Wählen Sie eine Ihrer Stoffsammlungen aus und formulieren Sie dazu ein schriftliches Statement. Tragen Sie dies vor der Klasse vor. Die Situation wird anspruchsvoller, wenn Sie sich dafür vor die Klasse stellen. Geben Sie sich gegenseitig Feedback.

Wortarten kennenlernen

Für die richtige Schreibweise von Wörtern ist es wichtig, die verschiedenen Wortarten zu kennen. Substantive werden großgeschrieben, Verben verändern sich je nach Zeitform sowie Person(en) und Adjektive beschreiben Eigenschaften von Personen oder Dingen näher. Bearbeiten Sie zur Übung und Wiederholung den folgenden Text.

In vielen anderen Ländern tragen Schülerinnen und Schüler Schuluniformen. Auch bei uns in Deutschland wird dieses Thema immer wieder heftig diskutiert, es gibt dabei verschiedene
5 *Standpunkte. (Einleitung)*
Für die Einführung von Schuluniformen in Deutschland spricht, dass dadurch ein starkes Zugehörigkeitsgefühl für die Schule entsteht. Englische Kinder und Jugendliche sagen laut

10 *einer Umfrage der BBC, dass sie auf dem Schulweg darauf achten, ob andere Kinder dieselbe Uniform tragen und dass sie sich mit denen dann besonders verbunden fühlen.*
Außerdem bringt die Einführung von Schuluniformen mit sich, dass die Unterschiede zwischen arm und reich nicht mehr sichtbar sind. In Deutschland liest man immer wieder von Mobbing, weil Jugendliche sich keine Markenkleidung leisten können. Dies würde durch Uniformen ausgeschlos-
15 *sen.*
Andererseits spricht aber gegen die verpflichtende Einführung solcher Uniformen, dass auf die Eltern hohe Kosten zukommen. In der Türkei geben Eltern im Durchschnitt 150,00 € für die Schuluniformen aus, wenn ihr Kind in die Schule kommt. Dies wird verschärft dadurch, dass die Kinder aus den teuren Uniformen herauswachsen und immer wieder neue Kleidung brauchen.
20 *Viele Menschen haben nicht so viel Geld.*
Hinzu kommt, dass viele Jugendliche Ihren Stil und Geschmack durch die Wahl ihrer Kleidung ausdrücken möchten. Das ist mit einer Schuluniform nicht mehr möglich. Meine Freundin trägt aus Prinzip nur schwarze Kleidung, sie müsste mit einer Schuluniform gegen dieses Prinzip verstoßen. (Hauptteil)
25 *Wenn ich diese Argumente bedenke, komme ich zu dem Schluss, dass es besser ist, keine Uniformen einzuführen. Die hohen Kosten und die Möglichkeit, den eigenen Stil auszudrücken, sind für mich wichtiger als das Zusammengehörigkeitsgefühl. Und auch wegen anderer Dinge als billiger Kleidung können Jugendliche gemobbt werden. (Schluss)*

AUFGABEN

1. Fertigen Sie eine Kopie des Textes auf S. 70 an und unterstreichen Sie alle Substantive in Rot. Schreiben Sie sie auf ein Blatt und setzen Sie sie jeweils in den Singular (Einzahl) oder in den Plural (Mehrzahl).

2. Unterstreichen Sie in der Kopie alle Verben in Blau. Überlegen Sie, wie das Verb in den Formen der Vergangenheit (Perfekt und Präteritum) und in der Zukunftsform (Futur I) lautet.

3. Unterstreichen Sie in der Kopie die Adjektive in Grün. Versuchen Sie sie zu steigern (Beispiel: schnell, schneller, am schnellsten).

Ihre Meinung in sozialen Medien

In den sozialen Medien werden sehr häufig Statements und Meinungen abgegeben, oft auch unüberlegt. Grundsätzlich gelten für diese Äußerungen jedoch dieselben Grundsätze wie für alle anderen Zusammenhänge.

Geben Sie Ihre Meinung oder Ihren Kommentar nur dann ab, wenn Sie ihn sachlich begründen können. Verzichten Sie darauf, Vorurteile zu äußern oder Menschen persönlich anzugreifen. Äußern Sie nichts, was Sie nicht auch umgekehrt als Reaktion auf einen eigenen Post akzeptieren könnten.

Zusammenfassung

Sprechen und Zuhören

- Sie können die Sichtweise anderer einnehmen.
- Sie können sachliche Argumente zu einem Thema finden.
- Sie können abwägen und sich begründet für eine Position entscheiden.
- Sie können diese Position angemessen vertreten.

Lesen und Schreiben

- Sie können Ihre Meinung schriftlich formulieren.

Sprachregeln und Sprachgebrauch

- Sie erkennen verschiedene Wortarten und können diese korrekt verändern.

Mit Medien umgehen

- Sie können zu einem kontroversen Thema recherchieren.
- Sie kennen die Gefahren von Internetquellen.

Arbeitstechniken

- Sie können eine Stoffsammlung anlegen.
- Sie können einen Text planen.

7 Umgang mit Medien

7.1 Einen Film bewerten  Kriterien einer Filmbewertung

7.2 Recherchieren  Nach Informationen suchen

7.3 Eine Präsentation erstellen und halten  Informationen, Ideen und Konzepte vorstellen

7.4 Digitale Kommunikationswege nutzen (E-Mail, Social Media, Messenger-Dienste)  Formen der digitalen Kommunikation nutzen

7.5 Grenzen der digitalen Kommunikation kennen und beachten  Stress, Burnout und Cybermobbing überwinden

Umgang mit Medien

In diesem Kapitel geht es um unterschiedliche Themen, die mit Medienformen zu tun haben: Sie erfahren mehr darüber, wie Sie etwas (z. B. einen Film) anhand von Kriterien (Gesichtspunkten) bewerten können, wie Sie eine Präsentation erstellen und halten können, wie im Beruf kommuniziert wird und Informationen weitergegeben werden und was die Grenzen und Gefahren dieser Art der Kommunikation sind.

7.1 Einen Film bewerten

Der Film ist ein bedeutendes Medium, das auf vielfältige Weise Einfluss auf unsere Kultur, Gesellschaft und Art der Kommunikation hat. Filme bieten z. B. Unterhaltung und ermöglichen es den Menschen, sich zu entspannen, zu träumen und in andere Welten einzutauchen. Sie erzählen Geschichten und vermitteln Ideen auf bildliche Weise. Filme können dadurch mehr Informationen und Emotionen übertragen als Wörter. Filme müssen aber nicht nur der Unterhaltung dienen, sie können auch zur gesellschaftlichen Aufklärung über Ereignisse und Zusammenhänge beitragen. Ein Film setzt sich aus unterschiedlichen Bausteinen zusammen, die bei einer Bewertung beachtet werden müssen. Zu diesen Bausteinen gehören z. B. die Handlung eines Films, die Charaktere (Personen), die darin eine Rolle spielen, die Art, wie Regie geführt wird und der Film aufgebaut ist, das Drehbuch und die Dialoge sowie die visuellen und akustischen Filmeffekte.

Kriterien einer Filmbewertung

In der folgenden Tabelle sind mögliche Kriterien einer Bewertung anhand der verschiedenen Aspekte eines Films zusammengestellt: Handlung, Charaktere, Regie und Inszenierung, Drehbuch und Dialog, visuelle und akustische Effekte (Bild und Ton). Auf der rechten Seite finden Sie die Leitfragen, die dazu passen.

Einen Film bewerten

Kriterien	Leitfragen
Handlung	• Was passiert in der Geschichte und wie originell ist die Handlung? • In welchem Tempo wird die Geschichte erzählt? • Ist die Geschichte gut erzählt und spannend? • Sind die Handlungsstränge logisch miteinander verknüpft oder gibt es Unstimmigkeiten? • Gibt es ein offenes Ende beim Film oder ist die Erzählung abgeschlossen? • Hat der Film nur Unterhaltungswert oder führt er auch zur Förderung der Kritikfähigkeit? • Dient die Handlung des Films dazu, eigene Verhaltensweisen infrage zu stellen?
Charaktere	• Sind die Personen glaubwürdig dargestellt und handeln sie nachvollziehbar? • Werden die Charaktere (Personen) im Laufe des Films gut entwickelt und durchleben sie Veränderungen? • Wie überzeugend sind die Schauspielerinnen und Schauspieler in ihren Rollen?
Regie und Inszenierung	• Wie wirken die Kameraeinstellungen, Kamerabewegungen und Bilder? • Wie sind die Regieentscheidungen, die die Atmosphäre und Stimmung des Films beeinflussen? • Gibt es viele und schnelle Bildwechsel?
Drehbuch und Dialoge	• Wie gut ist das Drehbuch geschrieben? • Wie sind die Dialoge gestaltet? • Sind die Unterhaltungen glaubwürdig? • Ist die verwendete Sprache angemessen?
Visuelle und akustische Effekte (Bild und Ton)	• Wie wirken die visuellen Effekte und Spezialeffekte (die Effekte direkt im Film)? • Gibt es musikalische oder andere akustische Effekte? • Wie trägt die Musik zur Stimmung des Films bei?

Erstellen Sie für die Bewertung des Films eine Skala mit Punkten oder Sternen, damit Ihre Bewertung anschaulicher wird. Denken Sie daran, dass es keine „richtige" Bewertung gibt – es geht darum, Ihre persönliche Meinung auszudrücken und anderen dabei zu helfen, den Film besser zu verstehen.

AUFGABEN

❶ Wählen Sie einen Film aus, den Sie sich ansehen oder kürzlich angesehen haben. Gehen Sie die Kriterien zur Filmbewertung (siehe Tabelle) nacheinander durch und machen Sie sich Notizen. Füllen Sie anschließend den Fragebogen auf der nächsten Seite auf einer Kopie aus.

❷ Tauschen Sie sich in einem Zweierteam zu diesem Film aus und erklären Sie sich gegenseitig kurz die Handlung. Gehen Sie den Fragebogen und Ihre Notizen zu den Bewertungskriterien gemeinsam durch und sprechen Sie dann eine Empfehlung aus: Würden Sie den Film weiterempfehlen? Begründen Sie Ihre Entscheidung.

❸ Tauschen Sie sich anschließend in einem Zweierteam über Filme (oder ggf. Serien) aus, die Sie beide bereits gesehen haben. Welche Eindrücke haben Sie jeweils gesammelt? Haben Sie eine ähnliche Meinung dazu?

Filmbewertungsbogen (Kopiervorlage)

Kreuzen Sie an, was zutrifft, und bewerten Sie anschließend den Film mit einer Punktzahl von 1 bis 10.

Film: _____

Datum: _____

Handlung und Charaktere (Personen, Figuren):
- ☐ Die Handlung war interessant und gut strukturiert.
- ☐ Die Charaktere (Personen, Figuren) waren gut entwickelt und glaubwürdig.
- ☐ Die Motivation der Charaktere (Personen, Figuren) war verständlich.

Themen und Botschaft:
- ☐ Das Thema/Die Themen des Films waren klar erkennbar.
- ☐ Der Film hatte eine wichtige Botschaft oder Aussage.
- ☐ Die Botschaft des Films wurde klar übermittelt.

Filmtechniken:
- ☐ Die Szenen erzählen die Geschichte gut und verständlich.
- ☐ Die Kameraarbeit (z. B. Zoom) trug zur Stimmung im Film bei.
- ☐ Der Ton und die Musik verstärkten die Stimmung des Films.
- ☐ Die Schauspielerinnen und Schauspieler lieferten überzeugende Leistungen.
- ☐ Visuelle Effekte wurden gut eingesetzt.

Emotionale Wirkung:
- ☐ Der Film löste Gefühle bei mir aus (z. B. Freude, Spannung, Traurigkeit).
- ☐ Die emotionalen Momente waren gut inszeniert.

Filmgenre und Vergleich:
- ☐ Das Genre (die Art) des Films (Horror, Komödie usw.) war deutlich erkennbar.
- ☐ Der Film unterschied sich von anderen Filmen desselben Genres.

Zielgruppe:
- ☐ Der Film scheint für eine bestimmte Zielgruppe gemacht zu sein.
- ☐ Die Zielgruppe würde den Film wahrscheinlich genießen.

Kritische Perspektive:
- ☐ Es gab Dinge im Film, die mich gestört haben.
- ☐ Diese Dinge beeinträchtigten mein Gesamterlebnis.

Persönliche Meinung:
- ☐ Mein persönlicher Gesamteindruck vom Film ist positiv.
- ☐ Mein persönlicher Gesamteindruck vom Film ist negativ.
- ☐ Der Film hinterließ bei mir gemischte Gefühle.

Gesamtbewertung (1 = schlechteste Bewertung; 10 = beste Bewertung):
- ☐ 1
- ☐ 2
- ☐ 3
- ☐ 4
- ☐ 5
- ☐ 6
- ☐ 7
- ☐ 8
- ☐ 9
- ☐ 10

Empfehlung:
- ☐ Ich empfehle anderen den Film.
- ☐ Ich kann anderen den Film nicht empfehlen.
- ☐ Ich bin unschlüssig, ob ich den Film empfehlen würde.

7.2 Recherchieren

„Recherchieren" bedeutet, nach Informationen zu suchen und diese zu sammeln. Sie können recherchieren, indem Sie z. B. Bücher lesen, im Internet suchen, Expertinnen oder Experten befragen sowie andere Quellen nutzen. Wenn Sie recherchieren, versuchen Sie, Antworten auf Fragen zu finden oder mehr über ein bestimmtes Thema herauszufinden.

Auch das Befragen von Personen, die sich mit einem Thema auskennen, kann Teil Ihrer Recherche sein.

Gehen Sie bei einer **Recherche** wie folgt vor:
- Stellen Sie als Erstes eine klare Frage, z. B. „Wie wird das Wetter morgen?".
- Suchen Sie nach seriösen Quellen, die gute Informationen bieten, wie Webseiten von Expertinnen und Experten, Bücher oder Webseiten von Institutionen, öffentlich-rechtlichen Medien, angesehenen Zeitungen und Zeitschriften, Datenbanken, Dokumentarfilme und -videos usw.
- Denken Sie auch an Schlüsselwörter. Das sind Wörter in einem Text, die eine wichtige Rolle spielen. Geben Sie bei einer Internetrecherche diese Schlüsselwörter in eine Suchmaschine ein, z. B. „Wettervorhersage morgen".
- Suchen Sie nach Informationen in mehr als einer Quelle.
- Lesen Sie sich die Informationen gründlich durch.
- Schreiben Sie sich direkt auf, wo Sie die Informationen gefunden haben.

AUFGABEN

1. Erstellen Sie eine Liste von Quellen jeder Art (nicht nur Internetseiten!), die Sie für vertrauenswürdig halten. Gleichen Sie diese Liste erst in einem Zweierteam ab, danach dann mit der gesamten Klasse.

2. Recherchieren Sie mithilfe der soeben gelernten Methoden folgende Informationen zu einer von Ihnen gewählten bekannten Person. Finden Sie dabei Antworten auf die folgenden Fragen:
    - Wer ist/war diese Person?
    - Warum ist/war sie bekannt?
    - Wo ist sie geboren worden und wo hat sie gelebt/lebt sie heute?
    - Wann wurde sie geboren und wann ist sie bekannt geworden?
    - Was hat sie genau gemacht/macht sie?
    - Warum haben Sie sich für diese Person entschieden?

7.3 Eine Präsentation erstellen und halten

Eine Präsentation erstellen

Eine Präsentation (Darstellung, Vorstellung) ist eine Möglichkeit, anderen Menschen Informationen, Ideen oder Konzepte zu zeigen und zu erklären. Sie können dabei visuelle Hilfsmittel wie Folien, Bilder oder Videos, aber auch Realien (Gegenstände) verwenden. Bei der Präsentation sprechen Sie vor einer Gruppe von Menschen. Zunächst müssen Sie ein Thema wählen, das Sie interessiert und das Sie gern präsentieren möchten. Stellen Sie sicher, dass das Thema weder zu groß noch zu klein für den geplanten Umfang Ihrer Präsentation ist. Denken Sie außerdem immer darüber nach, wer Ihre Zuhörerinnen und Zuhörer sind und welchen Wissensstand diese mitbringen. Passen Sie also die Präsentation an die Bedürfnisse und Interessen der Zielgruppe an.

Eine Präsentation halten

Bevor Sie Ihre Präsentation halten, gehen Sie sie vorher durch, um sicherzustellen, dass Sie wirklich alle Informationen kennen und verstehen. Sie können auch vor einem Spiegel üben oder jemandem das Ganze erzählen, um Feedback zu erhalten.

Wenn Sie vor anderen Personen stehen, seien Sie selbstbewusst, das bedeutet:

- Sehen Sie Ihre Zuhörerinnen und Zuhörer an.
- Sprechen Sie langsam, deutlich und nicht zu leise.
- Stehen Sie aufrecht.

Sagen Sie Ihrem Publikum, dass alle Fragen stellen können, und antworten Sie so gut, wie Sie es können. Am Ende Ihrer Präsentation machen Sie Folgendes:

- Tragen Sie eine kurze Zusammenfassung der wichtigsten Punkte vor.
- Beenden Sie Ihre Präsentation mit einem Dankeschön an Ihre Zuhörerinnen und Zuhörer.
- Fragen Sie nach Feedback. Das hilft Ihnen, sich beim Präsentieren zu verbessern.

> **Viel Übung wird Ihnen helfen, besser zu werden. Je öfter Sie Präsentationen halten, desto leichter wird es Ihnen fallen. Und vergessen Sie nicht, dass es völlig in Ordnung ist, nervös zu sein. Die meisten Menschen sind es, wenn sie vor anderen sprechen!**

Die Präsentation mit einem Präsentationsprogramm (Folienpräsentation)

1. Informationen recherchieren

Recherchieren Sie gründlich und sammeln Sie alle relevanten Informationen einschließlich der urheberrechtlichen Angaben zu Ihrem Thema. Definieren Sie das Ziel, das Sie mit ihrer Präsentation erreichen möchten.

2. Den Inhalt strukturieren

Strukturieren Sie Ihre gesammelten Informationen in einer logischen Reihenfolge, um eine klare und verständliche Präsentation zu erstellen. Achten Sie dabei auf eine übersichtliche Gliederung Ihrer Folien.

3. Die Präsentation erstellen und gestalten

Wählen Sie ein geeignetes Präsentationsprogramm aus und gestalten Sie das Design und Layout Ihrer Folien. Achten Sie auf eine ansprechende Gestaltung, aber halten Sie die Folien auch schlicht und übersichtlich.

4. Inhalte visualisieren

Fügen Sie Bilder, Grafiken und andere visuelle Elemente hinzu, um Ihre Präsentation lebendiger und anschaulicher zu gestalten. Achten Sie darauf, dass die visuellen Elemente zum Thema passen und nicht überladen wirken.

5. Die Präsentation vorbereiten

Schreiben Sie wichtige Stichpunkte auf Karteikarten, um während Ihrer Präsentation einen roten Faden zu haben. Überlegen Sie sich geeignete Formulierungen und den Aufbau der Einleitung, des Hauptteils und des Schlusses.

6. Eine Probepräsentation durchführen

Üben Sie Ihre Präsentation vor einem kleinen Testpublikum oder allein. Beachten Sie dabei die Zeit, sprechen Sie deutlich und achten Sie auch auf Ihre Körpersprache.

7. Die Präsentation halten

Treten Sie selbstbewusst auf und schaffen Sie eine positive Atmosphäre. Sprechen Sie klar und deutlich, halten Sie Blickkontakt und nutzen Sie angemessene Gesten. Stellen Sie sich auf mögliche Fragen oder Diskussionen ein.

Umgang mit Medien

AUFGABEN

① Lesen Sie sich den unten stehenden Text durch. Markieren und notieren Sie sich, welche Fehler die vortragende Person macht.

② Verbessern Sie den Vortragstext entsprechend.

„Guten Tag, meine Damen und Herren. Heute möchte ich über das Thema Berufsausbildung sprechen. Also, Berufsausbildung ist so, äh, wichtig, weil, äh, ja, weil man eben einen Beruf lernen muss, um, äh, zu arbeiten. Also, das ist, äh, klar.

Ja, also, in der Berufsausbildung, da lernt man so Dinge, wie, äh, naja, das kommt darauf an,
5 welchen Beruf man, äh, erlernen möchte. Manchmal geht das, äh, schneller, manchmal dauert es, äh, länger. Ja.

Und dann gibt es da eben, äh, Betriebe oder Firmen oder, äh, Unternehmen, wo man diese Berufsausbildung machen kann. Da muss man, äh, halt arbeiten, und, äh, Dinge machen, die zum Beruf passen. Also, wenn man, äh, Friseur werden will, dann muss man eben Haare schneiden und
10 so.

Ja, äh, ich denke, das war's so in etwa. Berufsausbildung ist halt wichtig, weil man einen Beruf lernen muss, um zu arbeiten, und das macht man in, äh, Betrieben oder so. Vielen Dank fürs Zuhören."

7.4 Digitale Kommunikationswege nutzen (E-Mail, Social Media, Messenger-Dienste)

Mit digitalen Kommunikationswegen ist gemeint, wie wir mit anderen über das Internet oder über elektronische Geräte sprechen können. Aus dem Privatleben kennen Sie vermutlich vor allem Messenger-Nachrichten (WhatsApp etc.). In vielen Berufen spielen allerdings E-Mails eine große Rolle. Dabei handelt es sich um digitale Briefe, bei denen dennoch eine gewisse Form gewahrt wird, die an die gedruckte Briefform erinnert. Achten Sie darauf, höflich zu schreiben, die Betreffzeile sinnvoll zu nutzen und keine sensiblen Informationen zu teilen.

Digitale Kommunikation im Unternehmen

Kommunikationskanäle werden digitalisiert

Wie häufig kommen die folgenden Kanäle für die interne und externe Kommunikation zum Einsatz?

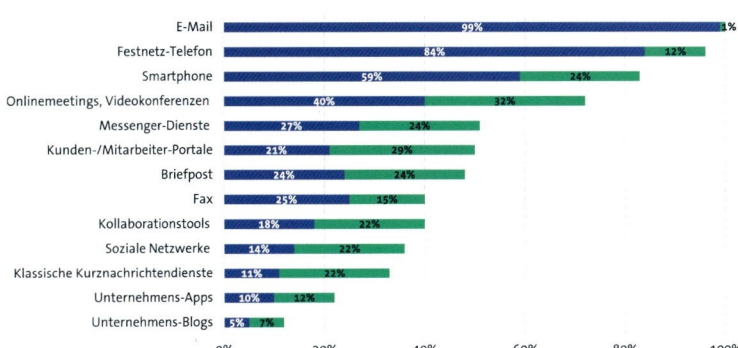

Basis: Unternehmen ab 20 Mitarbeitenden (2022: n=1.102; 2020: n=1.104; 2018: n=1.106) | Quelle: Bitkom Research 2022

Digitalisierung meint, dass immer mehr digitale Medien verwendet werden. Ein Kommunikationskanal ist der Weg, auf dem Informationen usw. weitergeleitet werden.

AUFGABEN

1. Betrachten Sie die Grafik und überlegen Sie, welche Kommunikationskanäle durch die Digitalisierung häufiger und welche weniger häufig genutzt werden.

2. Überlegen Sie, welche Formen der digitalen Kommunikation in Ihrem eigenen Leben eine Rolle spielen und wie häufig Sie diese nutzen.

3. Notieren Sie sich, welche Kommunikationsmedien Sie privat, welche beruflich und welche sie in beiden Zusammenhängen nutzen können. Was müssen Sie bei der beruflichen Kommunikation beachten?

Digital im Beruf kommunizieren

Im Berufsleben ist eine verlässliche und sichere Kommunikation sehr wichtig für die erfolgreiche Zusammenarbeit. Dabei gibt es einige Dinge, die Sie beachten sollten.

- Behandeln Sie andere so, wie Sie selbst behandelt werden möchten. Seien Sie freundlich und respektvoll in Ihren Nachrichten.
- Schreiben Sie klar und deutlich, damit andere verstehen, was Sie meinen. Vermeiden Sie komplizierte Wörter oder Abkürzungen, wenn sie nicht nötig sind.
- Geben Sie in E-Mails oder Nachrichten immer eine präzise Betreffzeile an, damit andere wissen, worum es geht.
- Teilen Sie keine vertraulichen oder persönlichen Informationen über unsichere Kanäle.
- Antworten Sie zeitnah auf Nachrichten. Verzögerungen können unhöflich wirken.
- Denken Sie daran, wer genau Ihre Nachricht liest. Vermeiden Sie Witze oder Bemerkungen, die falsch verstanden werden könnten.
- Passen Sie sich an die Kommunikationskultur Ihres Unternehmens an. Manchmal ist eine förmliche Anrede angemessen, manchmal nicht.

7.5 Grenzen der digitalen Kommunikation kennen und beachten

Trotz all dieser positiven Aspekte gibt es auch Herausforderungen und Risiken im Zusammenhang mit digitaler Kommunikation. Die ständige Verfügbarkeit von Nachrichten und Informationen kann zu einer **Überforderung** führen. Die Trennung zwischen persönlicher und beruflicher Zeit kann verschwimmen, was zu **Stress** und **Burnout** führen kann. Zudem kann die Anonymität im Internet zu negativem Verhalten wie **Cybermobbing** und **Hassrede** führen.

Betrug und Datensicherheit

Es gibt auch das Problem, dass Ihre persönlichen Informationen gestohlen oder missbraucht werden können. Seien Sie also stets vorsichtig, wem Sie welche Daten geben. Verwenden Sie stets „starke" Passwörter – häufig geben Internetseiten selbst vor, wie ein Passwort auszusehen hat, damit es sicher genug ist. Eine Mischung aus Buchstaben, Zahlen und Zeichen erhöht die Sicherheit Ihres Passworts. Teilen Sie keine persönlichen Informationen mit Fremden und seien Sie misstrauisch, wenn Sie E-Mails und Nachrichten von Ihnen unbekannten Personen erhalten.

>
> - Seien Sie stets vorsichtig, wem Sie Ihre Daten geben.
> - Das Internet vergisst nichts!

Cybermobbing

Cybermobbing bezieht sich auf das absichtliche und wiederholte Belästigen, Beleidigen oder Bedrohen von Menschen über das Internet oder mithilfe von Handys. Diese Form des Mobbings kann ernsthafte Auswirkungen auf die Opfer haben und erfordert einen bewussten und verantwortungsbewussten Umgang, um es zu bekämpfen.

Die Auswirkungen von Cybermobbing können vielfältig sein. Die Opfer können sich emotional belastet fühlen, mit Gefühlen wie Angst, Depression und sozialer Isolation. Da die digitalen Spuren oft lange bestehen bleiben, kann das Erlebte die Opfer auch noch lange nach dem Vorfall verfolgen. Deshalb ist es so wichtig, aufmerksam zu sein und aktiv gegen Cybermobbing vorzugehen.

Grenzen der digitalen Kommunikation kennen und beachten

Wenn Sie Cybermobbing erleben oder mitbekommen, werden Sie sofort aktiv. Auch über das Internet oder über Messengerdienste (wie z. B. WhatsApp, Signal, Telegram usw.) sind solche Aktionen strafbar und sollen entsprechend gemeldet oder verfolgt werden. Wenden Sie sich also z. B. an Ihre Vorgesetzte/Ihren Vorgesetzten oder andere Ansprechpersonen, wenn Sie solche Situationen erleben.

Chancen	Risiken

❷ Fassen Sie Ihre Ergebnisse in drei Sätzen zusammen. Beginnen Sie den Satz wie folgt: „Digitale Kommunikation kann …".

❸ Lesen Sie sich das folgende Interview durch und diskutieren Sie anschließend in der Klasse, welche Formen von Cybermobbing Sie kennen oder vielleicht schon erlebt haben. Tauschen Sie sich gemeinsam darüber aus, über welche Medien Cybermobbing stattfinden kann.

AUFGABEN

❶ Übertragen Sie die folgende Tabelle in Ihr Heft und füllen Sie sie aus. Welche Chancen und Risiken bringt digitale Kommunikation mit sich? Vergleichen Sie Ihre Ergebnisse.

❹ Ergänzen Sie die Tabelle aus Aufgabe 1 mit Ihren neugewonnenen Erkenntnissen aus der Diskussion über Cybermobbing.

Cybermobbing: „Allein kommt niemand aus einer Mobbingspirale raus"

Fast jeder fünfte junge Mensch zwischen acht und 21 Jahren ist laut einer Studie von Cybermobbing betroffen. Die Pandemie hat das Problem noch mal verschärft. Der Entwicklungspsychologe Herbert Scheithauer erklärt, was Eltern und Lehrkräfte tun können. [...]

5 *Eine verletzende Nachricht im Klassenchat posten, private Fotos einer Mitschülerin ungefragt an andere schicken oder Beleidigungen per Sprachnachricht versenden: Cybermobbing hat viele Facetten. Mittlerweile ist fast jedes fünfte Kind zwischen acht und 21 Jahren betroffen, wie eine aktuelle Studie des Bündnisses gegen Cybermobbing herausgefunden hat. Als Folge von Cybermobbing leiden viele an Depressionen, Angst- oder Schlafstörungen. Da immer mehr Betroffene*
10 *aus Verzweiflung zu Alkohol, Tabletten oder Drogen greifen, sprechen Experten bereits von Cybermobbing als Dauerproblem. Der Entwicklungspsychologe Herbert Scheithauer weiß, wie oft Eltern gar nichts davon mitbekommen, was ihre Kinder online machen, und wieso diese die Gefahren in sozialen Medien oft unterschätzen.*

SZ: Cybermobbing nimmt seit der Corona-Pandemie zu. Woran liegt das?

Herbert Scheithauer: Das Leben hat sich von heute auf morgen online abgespielt, obwohl sich manche Leute noch nie mit dem Internet und sozialen Medien beschäftigt haben. Kindern und Jugendlichen fehlt oft das Wissen und die Erfahrung, was mit einer Nachricht in einem Chat oder dem Verschicken eines Fotos alles schiefgehen kann. Zusätzlich war die Pandemie sehr belastend für Kinder und Jugendliche. Konflikte wurden online ausgetragen – und eben auch Cybermobbing.

Das Mobbing hat sich also von der analogen zunehmend in die digitale Welt verlagert.

Ja. Zudem wurde es sichtbarer. Plötzlich haben alle Menschen in einem Gruppenchat mitbekommen, wenn dort eine Person ausgegrenzt oder beleidigt wurde. In der Schule haben das manchmal nur zwei, drei Personen auf dem Pausenhof gesehen, wenn jemand gemobbt wurde.

Jugendliche schicken sich auch immer öfter Nacktbilder zu und scheinen gar nicht zu wissen, dass das strafrechtliche Konsequenzen haben kann.

Häufig denken Jugendliche, es sei ein Liebesbeweis, ein Foto von sich an den Freund oder die Freundin zu schicken. Der Grund, warum das gemacht wird, ist also eigentlich ein schöner. Doch wenn das Vertrauen missbraucht wird, gibt es ein Problem: Strafrechtlich kann das dann sogar als Verbreitung von kinderpornografischen Inhalten verstanden werden.

Wo liegt die Grenze zwischen Cybermobbing und Diskriminierung?

Ein unerlaubt veröffentlichtes Foto kann bereits als Cybermobbing gelten, da es jemanden nachhaltig schädigen kann. Wenn jemand aufgrund von Geschlecht, Sexualität, einer Behinderung, Nationalität oder Religion ausgeschlossen wird, sprechen wir von Diskriminierung. Die Grenzen verlaufen dabei aber fließend, denn Diskriminierung kann der Auslöser für Cybermobbing sein.

In Schulen werden Smartphones häufig aus dem Unterricht verbannt. Ist das zielführend?

Im Gegenteil. Handys sollten viel mehr in den Unterricht integriert werden. Als Werkzeug. Nur so können Kinder und Jugendliche einen sicheren Umgang mit dem Internet lernen und sich besser vor Cybermobbing schützen. Nutzungsregeln können dabei zum Beispiel gemeinsam abgesprochen werden. Und in Gruppenchats kann etwa eine aktive Moderation sinnvoll ein.

Aber selbst, wenn Regeln gemeinsam festgelegt werden, kann es zu Cybermobbing kommen.

Klar, das kann leider passieren. Erwachsene und Kinder müssen sich miteinander austauschen und reden. Allein kommt niemand aus einer Mobbingspirale raus. Und online sind Inhalte rund um die Uhr verfügbar, das verstärkt das Problem.

45 Wie sollten Eltern reagieren, wenn ein Kind ausgegrenzt wird?

Wenn sich Kinder Eltern oder Lehrkräften überhaupt anvertrauen, schämen sie sich häufig. Deshalb müssen Erwachsene Betroffene ernst nehmen. Das ist ein ganz wichtiges Signal. Dabei kann es helfen, wenn die Eltern sich mit der Klassenlehrerin oder dem Klassenlehrer absprechen. Sie sollten auf keinen Fall das Problem in einer Whatsapp-Gruppe mit anderen Eltern ansprechen.

50 Wie kann man einem gemobbten Kind dann helfen?

Für Schulen gibt es oft keine einheitlichen Handlungskonzepte, wie beim Cybermobbing vorgegangen werden soll. Hier anzusetzen, wäre schon ein Anfang. Und Lehrkräfte sollten geschult werden. Nur so können sie frühzeitig erkennen, wenn eine Person von Ausgrenzung betroffen ist. Am wichtigsten ist es, dass Erwachsene sagen: Ich stehe an deiner Seite, das Cybermobbing hört 55 jetzt auf. Dann erst kann man überlegen, wie man mit den Tätern umgeht.

Quelle: SZ/lot/moge/nas/Christina Gutsmiedl/Herbert Scheithauer 2022, abgerufen unter: www.sueddeutsche.de/panorama/cybermobbing-jugendliche-schule-eltern-lehrerpraevention-interview-herbert-scheithauer-1.5673802 [01.10.2023].

Bei der digitalen Kommunikation ist auch auf die rechtlichen Grenzen bei der Nutzung von fremden Quellen (z. B. aus dem Internet) zu achten. Nutzt man externe Quellen — also fremdes geistiges Eigentum —, egal, ob aus dem Internet oder aus Büchern oder Zeitschriften, müssen die entsprechenden Quellen korrekt angegeben werden, sonst drohen gesetzlich festgelegte Strafen. Dies regelt in Deutschland das sogenannte Urheberrechtsgesetz (UrhG).

Bei **Internetquellen** sind Autor(en), Internetadresse sowie das Tagesdatum, bei **Büchern** oder **Zeitschriften** Autor(en), Buchtitel oder Zeitschriftentitel mit Seitenangabe(n), Verlag und Erscheinungsjahr zu nennen.

Zusammenfassung

Sprechen und Zuhören

- Sie können die wichtigsten Kriterien zur Bewertung eines Films benennen.
- Sie können einen Film anhand der gelernten Kriterien bewerten.
- Sie können eine Präsentation zu einem beliebigen Thema ansprechend vorbereiten und halten.
- Sie können die Risiken, die mit der Nutzung von Medien einhergehen, erläutern.
- Sie kennen gewisse Grenzen, die im Umgang mit Medien eingehalten werden müssen.

Lesen und Schreiben

- Sie können relevante Informationen aus Ihren Suchergebnissen filtern und in Ihren eigenen Worten zusammenfassen.
- Sie können zu einem beliebigen Thema seriöse Informationen recherchieren und kritisch prüfen.
- Sie können fremde Informationen in Ihren eigenen Worten zusammenfassen.

Sprachregeln und Sprachgebrauch

- Sie können verschiedene Sprachregeln und eine ansprechende Sprache bei der Vorstellung einer Präsentation nutzen.

Mit Medien umgehen

- Sie können in entsprechenden Internetportalen nach Ergebnissen für Ihr gewünschtes Thema suchen und diese kritisch betrachten.
- Sie kennen Risiken im Umgang mit Medien und achten auf diese.
- Sie setzen Suchmaschinen für Ihre Recherche sinnvoll ein.

Arbeitstechniken

- Sie können mithilfe eines Präsentationsprogramms eine Präsentation anfertigen und ansprechend gestalten.

8 Kreativ schreiben

8.1 Was ist Kreativität?

Kreativität üben

8.2 Grundübungen

Synonyme finden

8.3 Einen Text fortsetzen

Textanfang
Überschrift
Erzählimpuls

8.4 Einen Tagebucheintrag schreiben

Perspektive wechseln

8.5 Ein Gedicht oder einen Liedtext schreiben

Songtexte schreiben
Gedichte schreiben

Kreativ schreiben

8.1 Was ist Kreativität?

Kreativ zu sein bedeutet, im richtigen Moment gute Ideen zu haben, gute Lösungen für Probleme zu finden und auch einmal ungewohnte Sichtweisen einzunehmen. Kreativität ist deshalb eine Fähigkeit, die auch im beruflichen Alltag hilfreich und nützlich sein kann. Sie wird daher von vielen Vorgesetzten geschätzt.

Kreativ zu sein, kann man üben. Das Fach Deutsch bietet dazu viele Möglichkeiten. Die Menschen, die sich Geschichten oder Gedichte ausgedacht haben, waren auch kreativ. Sie haben ihre Fantasie eingesetzt, damit gute und unterhaltsame Texte entstehen. Das Schreiben von Texten kann also ein Training für Kreativität und Fantasie sein.

Im folgenden Kapitel werden diese wichtigen Fähigkeiten eingeübt. Verschiedene Arten der kreativen Produktion von Texten helfen dabei, sich selbst auszuprobieren und der Fantasie freien Lauf zu lassen.

8.2 Grundübungen

Wenn man einen Film sieht, passieren im Kopf viele Dinge, die mit Fantasie und Gefühlen zu tun haben. Musik und Bilder erzeugen Stimmungen. Die Zuschauenden sind von der Geschichte gefesselt und fühlen mit den Hauptpersonen mit. Hier sind also die Filmschaffenden sehr erfolgreich darin, ihre Fantasie einzusetzen, um andere zu unterhalten und Aufmerksamkeit zu gewinnen.

Auch Lieder können diese Wirkung haben. Sie versetzen einen in eine bestimmte Stimmung, manchmal sogar dann, wenn man den Text nicht versteht oder es gar keinen Text gibt.

Ein guter Text kann ähnlich wie Filme oder Lieder wirken. Er erzeugt Bilder im Kopf der Lesenden, weckt Gefühle und lässt einen hoffen oder sich fürchten. Damit der Text nicht langweilig wird, sollten die Sätze bei den Lesenden zu Bildern oder Stimmungen werden.

AUFGABEN

1. Wählen Sie aus den Bildern zu Beginn des Kapitels zwei Bilder aus. Schreiben Sie je zehn Begriffe auf, die dazu passen. Es können Verben, Adjektive oder Substantive sein, in jedem Fall aber möglichst genaue Begriffe, bei denen im Kopf ein Bild oder ein kurzer Film entsteht.

2. Denken Sie an Ihr Lieblingslied. Beschreiben Sie mit zwei Sätzen, in welche Stimmung Sie das Lied versetzt. Die folgenden Begriffe können dabei helfen. Wenn sie unklar sind, kann die Bedeutung in der Gruppe besprochen oder in einem Wörterbuch nachgeschlagen werden:

   heiter — traurig — nachdenklich — fröhlich — beschwingt — munter — müde — entspannt — wütend — kraftvoll — gelassen — sentimental — verliebt — gleichgültig — tatkräftig — hingebungsvoll — ängstlich — sorgenvoll — hoffnungsvoll — zurückhaltend — melancholisch

❸ Sehen Sie sich die oben zusammengestellten Bilder an. Wählen Sie zwei Bilder aus (es können dieselben sein wie bei Aufgabe 1) und schreiben Sie zu jedem Bild fünf Sätze auf. Diese Sätze sollten wie in einem Film die Grundstimmung beschreiben, sodass das Bild vor den Augen der Lesenden entsteht, auch wenn man es nicht sieht.

Das folgende Beispiel mit fünf Sätzen zeigt, wie es gehen könnte:

Es war Nacht. Der Weg über die schmale, steinerne Brücke war in tiefe Dunkelheit gehüllt. Nur einige Laternen leuchteten kläglich, aber sie konnten das Dunkel nicht
5 *durchbrechen. Ihr schwacher Lichtschein berührte den Boden kaum. Die Brücke schien im dunklen Nichts zu enden.*

Synonyme finden

Synonyme sind Wörter, die eine gleiche oder ähnliche Bedeutung haben. Wer Synonyme kennt, kann Wiederholungen vermeiden und das genau passende Wort verwenden. Wortfeldübungen wie die folgende stärken den Wortschatz und ermöglichen die Auswahl des passendsten Wortes.

Wortfeld „Sprechen":
sagen – reden – diskutieren – quatschen – meinen – rufen – flüstern – lamentieren – vortragen – schreien – debattieren – stöhnen – …

Ein Wortfeld ist eine Gruppe von Wörtern, die in der Bedeutung eng zusammengehören und zur jeweils gleichen Wortart zählen.

AUFGABEN

❶ Lesen Sie sich die Vorschläge zum Wortfeld „sprechen" durch. Schlagen Sie die Wörter nach, die Sie nicht kennen, und erklären Sie sich diese Begriffe in einem Zweierteam dann gegenseitig. Suchen Sie nach weiteren Begriffen aus diesem Wortfeld.

❷ Legen Sie ein Wortfeld zu folgenden Begriffen an: „gehen", „Gebäude", „schön".

8.3 Einen Text fortsetzen

In Prüfungen oder Klassenarbeiten wird häufig die Aufgabe gestellt, eine Geschichte fortzusetzen. Hier muss zuerst der vorgegebene Textanfang gelesen und verstanden werden. Dann sind Überlegungen nötig, wie die Geschichte weitergehen könnte. Schließlich wird das Ergebnis ausformuliert.

Mit dieser Art des kreativen Schreibens zeigt man,
- dass man sich gut in eine Handlung hineinversetzen kann,
- dass man einen Text logisch aufbauen kann,
- dass man dies auch sprachlich gestalten kann.

Folgende Grundsätze helfen dabei, einen passenden, logisch verständlichen und interessanten Fortsetzungstext zu schreiben:

1. Anschluss, Verlauf und Ende des eigenen Textteils müssen vorher geplant werden, dazu ist ein Konzept mit Stichwörtern sinnvoll.
2. Der eigene Text muss inhaltlich gut zum vorgegebenen Textanfang passen. Auch die Perspektive, aus der erzählt wird, und die Art und Weise, wie erzählt wird, sollten sich an den Textanfang anpassen.
3. Sie sollten starke, aussagekräftige Verben und Adjektive wählen sowie Wiederholungen vermeiden.
4. Gefühle der Personen und die Stimmung der Situation werden immer dann, wenn sie wichtig sind, ausführlich beschrieben. Dabei helfen die Grundübungen aus Kapitel 8.2.

AUFGABE

Setzen Sie den folgenden Text sinnvoll fort und überlegen Sie sich ein passendes Ende.

Es war ein wunderschöner Frühlingsmorgen. Die Sonne schien warm vom Himmel und die Vögel zwitscherten laut. Im Stadtpark waren zwei Jogger unterwegs. Glücklich über das
5 *schöne Wetter und in Gedanken versunken liefen sie aus entgegengesetzten Richtungen aufeinander zu und da sie beide nicht auf den Weg achteten, prallten sie in einer unübersichtlichen Kurve aufeinander. Aber*
10 *auch dieser Zusammenstoß konnte ihre Stimmung nicht trüben, niemand hatte sich verletzt. Beide lächelten deshalb, entschul-*

digtem sich, grüßten sich freundlich und liefen schließlich weiter. Einer der beiden
15 *wollte kurze Zeit später an einem Imbissstand eine kurze Pause einlegen und eine Cola trinken. Da bemerkte er, dass sein Geldbeutel nicht mehr in der Bauchtasche steckte. Sofort ...*

Eine andere Variante der Fortsetzungserzählung ist es, wenn Sie eine Überschrift bekommen, zu der eine Geschichte geschrieben werden soll. Hier ist die Freiheit größer, die Aufgabe ist aber auch anspruchsvoller. Die Perspektive, die Stimmung und die Art und Weise, wie die Geschichte erzählt werden soll, müssen ausgewählt werden.

AUFGABE

Finden Sie sich in Kleingruppen (drei bis vier Personen) zusammen. Wählen Sie eine der unten stehenden Überschriften aus und überlegen Sie gemeinsam in der Gruppe, wie dazu eine gute Geschichte aussehen könnte. Welche Personen spielen eine Rolle? Ist es eine lustige, nachdenkliche oder traurige Geschichte? Was ist ein guter Einstieg, was ist ein sinnvolles Ende? Halten Sie Ihre Überlegungen in Stichworten fest. Dann schreibt jedes Gruppenmitglied einzeln auf der Grundlage dieser Überlegungen eine Geschichte. Vergleichen Sie die Ergebnisse: Was haben alle ähnlich gemacht, wo liegen Unterschiede? Was gefällt Ihnen an den Geschichten der anderen Gruppenmitglieder gut, was sollte verbessert werden? Geben Sie sich gegenseitig möglichst konstruktives Feedback.

Sommer, Sonne, Urlaub — So eine Aufregung! — Schon wieder Tom — Kopf hoch, Paula — Ein Unglück kommt selten allein — Achtung, Baustelle! — Immer wieder sonntags — Teure Freundschaft — Ende gut, alles gut!

Noch kreativer ist es, einen Text nur auf der Grundlage einer Anregung, also eines Erzählimpulses zu schreiben. Dies kann z. B. ein Bild sein.

AUFGABE

Wählen Sie aus den Bildern am Anfang des Kapitels ein Bild aus und schreiben Sie davon angeregt eine Geschichte.

8.4 Einen Tagebucheintrag schreiben

Für manche Menschen ist ein Tagebuch ein hilfreicher Begleiter. Sie schreiben am Ende eines Tages oder einer Woche auf, was sie erlebt haben, was sie belastet oder gefreut hat. Auf diese Weise kann man sich später noch an schöne Erlebnisse erinnern oder man kann belastende Ereignisse besser verarbeiten. Diese Tagebucheinträge sind in der Regel ganz privat, sie sind nicht zur Veröffentlichung bestimmt. Deshalb enthalten sie persönliche Wertungen, Gefühle und Einschätzungen. Die Einträge werden oft ungefiltert aufgeschrieben.

Eine kreative Arbeit mit einem Text kann darin bestehen, sich in eine der handelnden Personen einer Geschichte hineinzuversetzen und aus ihrer Perspektive heraus einen Tagebucheintrag zu verfassen. So übt man, zu verstehen, wie andere Menschen denken und was sie beschäftigt. Dabei müssen Sie Folgendes berücksichtigen:

- Was hat die Person im Text erlebt? Was genau weiß sie? Was hat sie vielleicht von der gesamten Geschichte nicht mitbekommen?
- Wie fühlt die Person sich beim Schreiben des Tagebucheintrags? Ist sie erleichtert, traurig, frustriert, hoffnungsvoll …?
- Wie bewertet die Person das, was passiert ist? Findet sie es gut oder schlecht? Möchte sie etwas tun, ändern oder anregen?

AUFGABE

Lesen Sie die Geschichte „Das Miststück" von Ursula Wölfel. Versetzen Sie sich in die Situation von Peter. Was schreibt er am Ende des Tages, an dem die Mutter in die Schule kommt, in sein Tagebuch? Verfassen Sie diesen Tagebucheintrag. Beginnen Sie mit „Liebes Tagebuch, heute …".

Das Miststück

Als der Vater noch bei ihnen wohnte, hatte die Mutter in der Fabrik gearbeitet. Dann war der Vater immer öfter zu einer anderen Frau gegangen und schließlich blieb er ganz bei ihr und heiratete sie.
Seitdem war die Mutter immer zu Hause. Sie sagte zu Peter und Wilma: „Ich bin krank. Ich kann
5 *nicht mehr arbeiten gehen."*
Aber am Abend ging sie oft in die Wirtschaft oder zu den Nachbarn, und wenn sie dann nach Hause kam, machte sie Lärm im Treppenhaus. Sie redete laut mit sich selbst, sie schimpfte auf den Vater, weil er nicht genug Geld schickte und weil er die andere Frau geheiratet hatte.

Die Leute im Haus wurden wach davon. Sie rissen ihre Türen auf und riefen: „Bist du schon wieder besoffen, du Miststück? Halt die Klappe! Wir wollen schlafen!"
Und es gab jedes Mal Streit.
Davon wurde Peter oft wach. Er hörte zu, bis die Mutter die Wohnungstür zuknallte, er zog sich die Decke über den Kopf und weinte.
Wilma schlief immer so fest, sie hörte nichts. Peter war froh darüber. Wilma brauchte das alles nicht zu wissen, sie war erst sechs Jahre alt.
Manchmal kam die Mutter nachts zu ihnen ins Zimmer. Dann merkte sie, dass Peter weinte, und sie setzte sich auf sein Bett und weinte auch.
„Ich tu's nicht mehr", flüsterte sie. »Warum kann ich denn nicht aufhören damit? Aber ich tu's nicht mehr, nie mehr, das verspreche ich dir."
Manchmal war dann wirklich eine Zeit lang alles gut. Die Mutter blieb abends zu Hause, sie suchte sich wieder Arbeit, sie sparte und kaufte den Kindern neue Kleider und Schuhe. Einmal schaffte sie sogar einen Fernsehapparat an, aber der wurde bald wieder abgeholt, weil die Raten nicht bezahlt waren.
Denn die gute Zeit dauerte nie lange. Dann ging die Mutter wieder jeden Abend fort, in der Fabrik wurde ihr gekündigt, die schlechte Zeit fing wieder an.
Wenn die Kinder morgens aufstehen mussten, schlief die Mutter noch. Peter machte das Frühstück. Manchmal ging er nicht mit Wilma in die Schule. Dann sagte er: „Wir haben Turnen, ich muss zum Sportplatz." Er ging aber nicht zum Sportplatz, er ging zur Markthalle.
Den Leuten dort sagte er: „Wir haben heute keine Schule."
Sie ließen ihn die leeren Kisten stapeln und er fegte die Abfälle in der Halle zusammen. Dafür gaben die Leute ihm Obst und Gemüse. Das brachte er nach Hause. Die Mutter merkte nichts davon, sie schlief oft bis zum Nachmittag.
Bis Wilma aus der Schule kam, lief Peter dann durch die Straßen und sah sich die Läden an oder er fuhr im Kaufhaus mit der Rolltreppe.
Wenn es regnete, blieb er zu Hause. Dann räumte er die Wohnung auf. Er hatte es gern ordentlich, so wie früher am Sonntagnachmittag, wenn die Tante zu Besuch kam oder der Opa. Der Opa war gestorben und die Tante kam nicht mehr.
Mittags kochten Peter und Wilma. Peter machte eine Soße aus Hackfleisch oder eine Soße aus Speck und Zwiebeln oder er kochte das Gemüse aus der Markthalle. Wilma schälte die Kartoffeln. Das konnte sie schon. Meistens aßen die Kinder allein, die Mutter wärmte sich das Essen später auf. Sie sagte: „Ihr seid gute Kinder! Ich bin krank, ich habe solche Kopfschmerzen!"
Peter wusste, dass die Kopfschmerzen nur vom Schnapstrinken kamen, aber er sagte nichts. Nachmittags saß die Mutter in der Küche und las Bücher aus der Leihbücherei. Dann machte sie das Abendessen, und sie kümmerte sich auch um die Wäsche, ehe sie wieder fortging.
Beim Abendessen erzählte sie den Kindern oft, was sie gelesen hatte. Das war fast so schön wie Fernsehen. Sie konnte gut erzählen und es waren richtige Geschichten von Erwachsenen, Liebesgeschichten und Abenteuer.
Später erzählte Peter die Geschichten den Kindern auf der Straße und er sagte zu ihnen: „Meine Mutter ist klug." Wenn dann einer grinste, wurde er von Peter verhauen.
Peter schwänzte immer öfter die Schule. Zum Lehrer sagte er am nächsten Tag: „Meine Mutter war krank."

Eines Tages schrieb der Lehrer der Mutter einen Brief. Peter wusste nichts davon. Als der Brief zu Hause ankam, war er in der Schule.

Sie spielten in der Pause Völkerball, ein paar von den großen Mädchen waren auch dabei.

55 *Peter hatte gerade den Ball, da rannte Wilma zu ihm und rief: „Die Mama! Peter, die Mama ist da!"*

Die Mutter stand am Hoftor, sie redete mit dem Hausmeister. Ihr Gesicht war rot und geschwollen, ihre Augen glänzten. Ihr Mantel war schief zugeknöpft und die Haare hingen ihr strähnig um den Kopf.

Peter sah sofort, was mit ihr war. Sie hatte wieder Schnaps getrunken, schon am Morgen.

Er fragte Wilma: „Wo ist die Mama? Ich sehe sie nicht."

60 *„Da, am Tor!", rief Wilma. „Komm mit!"*

Sie wollte zum Tor laufen, aber Peter hielt sie fest. Er sagte: „Das ist nicht unsere Mama. Das ist eine fremde Frau."

Er sagte das, weil die anderen aus seiner Klasse dabei waren und die großen Mädchen.

Der Lehrer stand im Lehrerzimmer am offenen Fenster. Er hatte eine Kaffeetasse in der Hand und
65 *eine von den jungen Lehrerinnen saß auf der Fensterbank.*

Die Mutter ging dorthin, sie stellte sich vor das Fenster und schimpfte.

Sie schrie: „Was haben Sie gegen meine Kinder? Ich lasse mir das nicht gefallen! Ich bin eine kranke Frau, ich lasse mir das nicht gefallen!"

Sie schwankte und musste sich an der Mauer festhalten. Alle Kinder auf dem Schulhof sahen sie
70 *und hörten zu.*

Wilma fing an zu weinen, darum konnte Peter nicht verstehen, was der Lehrer der Mutter antwortete.

Der Hausmeister kam zu Peter. Er sagte: „Bring sie weg. Sie ist voll, das merkst du doch wohl? Dein Lehrer hat gesagt, dass du sie rausbringen sollst, auf die Straße. Schick sie nach Hause."

75 *Peter ging zur Mutter. Sie schimpfte immer noch. Er packte ihren Arm und zerrte sie zum Schultor. Fast wäre sie hingefallen. Er gab ihr einen Stoß, er schrie sie an. „Du Miststück!", schrie er. „Du verdammtes Miststück!"*

Sie ging weg.

Er merkte, wie sie sich Mühe gab, geradeaus zu gehen. Er sah sich um.

80 *Da standen sie noch alle: die Kinder, die Lehrer, der Hausmeister und die heulende Wilma. Peter rannte zu ihr. Er nahm ihre Hand und sagte: „Komm, wir bringen sie nach Hause."*

Er fragte den Lehrer nicht, er lief mit Wilma hinter der Mutter her.

Danach ging Peter nicht mehr zur Schule, bis die Mutter in eine Klinik kam. Sie wollten ihr dort das Trinken abgewöhnen. Sechs Wochen sollte sie fortbleiben. Sie blieb sechs Monate. Jetzt wusste
85 *Peter, dass ihr Trinken wirklich eine Krankheit war.*

In dieser Zeit wohnten die Kinder bei der Tante. Ihre Wohnung war immer so ordentlich, als wäre Sonntag. Peter fand das jetzt nicht mehr schön. Wenn die Kinder vom Spielen kamen, mussten sie ihre Schuhe vor der Tür ausziehen.

Der Onkel sagte oft: „Ihr könnt uns dankbar sein. Wir haben euch aus dem Dreck geholt."

90 *Aber sonst war der Onkel eigentlich nett. Die Kinder durften abends mit ihm fernsehen und er nahm Peter mit zum Fußballplatz.*

Die Mutter schrieb einen Brief. Sie schrieb: „Wenn ich nach Hause komme, wird alles anders. Ich arbeite dann immer und sorge richtig für euch. Wir kaufen auch wieder einen Fernsehapparat und ich bleibe abends bei euch."

95 *Endlich kam sie zurück, und alles wurde wirklich so, wie sie geschrieben hatte. Aber nur ein Jahr lang. Dann trank sie wieder Schnaps und alles war wie früher: gute Zeiten und schlechte Zeiten. Peter war unglücklich.*

Aber er schwänzte nicht mehr so oft die Schule. Der Lehrer sollte nicht wieder an die Mutter schreiben. Und wenn sie abends in die Wirtschaft ging, blieb er wach, bis er sie zurückkommen
100 *hörte. Dann holte er sie unten an der Haustür ab. Es sollte keinen Lärm im Treppenhaus geben, nie wieder sollte jemand „Miststück" zu seiner Mutter sagen.*

Quelle: Wölfel, 2004, S. 73–80.

8.5 Ein Gedicht oder einen Liedtext schreiben

Musikerinnen und Musiker drücken ihre Gefühle und Anliegen in den Texten ihrer Lieder aus. Sie können auf diese Weise Frust, Liebe, Hoffnung, Enttäuschung oder Ärger mit anderen teilen oder Botschaften darüber senden, was ihnen an der Gesellschaft, in der sie leben, (nicht) gefällt.

Gedichte sind wie Songtexte ohne Musik. Sie folgen häufig einem eigenen Rhythmus und bringen Gefühle und Stimmungen zum Ausdruck. Sie können mit Sprache spielen oder sie ändern. Einige Formen von Gedichten eignen sich gut für erste Schreibversuche.

AUFGABEN

❶ Wählen Sie ein (deutschsprachiges) Lied aus und erstellen Sie dazu ein Wortfeld (siehe Infokasten S. 90).

❷ Schreiben Sie ein paar eigene Zeilen zu der Melodie. Probieren Sie, sie laut zu sprechen oder zu singen.

❸ Recherchieren Sie im Internet nach den Begriffen „Akrostichon" und „Elfchen" und schreiben Sie in einer der beiden Formen ein eigenes Gedicht. Das Thema kann entweder in der Klasse abgestimmt oder frei gewählt werden. Auch die Bilder am Anfang des Kapitels können Anregungen für ein solches Gedicht sein.

Ein Gedicht oder einen Liedtext schreiben

Zusammenfassung

Sprechen und Zuhören

- Sie können Geschichten spannend erzählen.

Lesen und Schreiben

- Sie können Schreibimpulse verwenden und in Texte umsetzen.
- Sie können Gefühle und Stimmungen formulieren.

Sprachregeln und Sprachgebrauch

- Sie finden passende Worte für Ihre Aussage.

Mit Medien umgehen

- Sie können Musik als Schreibanlass verwenden.
- Sie können Songtexte schreiben.

Arbeitstechniken

- Sie können eine Erzählung schreiben.
- Sie können einen Tagebucheintrag schreiben.
- Sie können einen Songtext oder ein Gedicht schreiben.

Grammatikexkurs

Wortarten

Wortart (lat. Bezeichnung)	Wortart (dt. Bezeichnung)	Beispiele
Substantiv/Nomen	Hauptwort	Liebe, Fahrrad, Sprachtest
Verb	Tätigkeitswort/Zeitwort	lernen, lieben, essen, sprechen
Adjektiv	Eigenschaftswort	groß, schnell, schön, sprachlos
Artikel	Geschlechtswort	der, die, das, ein, eine, eines
Pronomen	Fürwort	
1. Personalpronomen	persönliches Fürwort	ich, du, er, sie, es, wir, ihr
2. Possessivpronomen	besitzanzeigendes Fürwort	mein, dein, sein, unser, euer, ihr
3. Demonstrativpronomen	hinweisendes Fürwort	der, die, das (jeweils betont)
4. Relativpronomen	bezügliches Fürwort	der, die, das, welcher, welche(s)
5. Reflexivpronomen	rückbezügliches Fürwort	mich, dich, sich
6. Interrogativpronomen	Fragefürwort	wer, was, wie, warum, wo
7. Indefinites Pronomen	unbestimmtes Fürwort	man, manche, manches
Adverb	Umstandswort …	
	… der Art und Weise	so, derart
	… des Grundes	also, sicherheitshalber
	… des Ortes	dort, dorthin
	… der Zeit	immer, gestern
Präposition	Verhältniswort	vor, neben, hinter, über, unter
Konjunktion	Bindewort	und, oder, aber, sondern
Interjektion	Empfindungswort	ach!, i'gitt!

Die Satzglieder (Satzteile)

Der Mensch   plant.
Subjekt   Prädikat

Der **kluge** Mensch plant **die Reise**.
 Attribut   Akkusativobjekt

Der kluge Mensch plant die Reise **in die Alpen**.
                          Präpositionalobjekt

Der kluge Mensch plant die Reise in die Alpen **mit einem Reiseunternehmen**.
                                      Modaladverbial

Grammatikexkurs

AUFGABEN

Bestimmen Sie in folgenden Sätzen die Satzteile (und die Zeit):

1. Der immerwährende Kalender hängt an einem Haken an der Wand.
2. Der Junge wird das neue Fahrrad in die Garage seines Vaters stellen.
3. Karin hat heute das Buch ausgelesen.
4. Das Halsband des Hundes lag unter dem Stuhl.

Die Zeiten

Der Zeitpfeil

- vollendete Vergangenheit **Plusquamperfekt**
- einfache Vergangenheit **Präteritum**
- vollendete Gegenwart **Perfekt**
- **Gegenwart Präsens**
- Zukunft **Futur I**
- vollendete Zukunft **Futur II**

AKTIV	Ich hatte geträumt.	Ich träumte.	Ich habe geträumt.	Ich träume.	Ich werde träumen.	Ich werde geträumt haben.
PASSIV	Ich war gelobt worden.	Ich wurde gelobt.	Ich bin gelobt worden.	Ich werde gelobt.	Ich werde gelobt werden.	Ich werde gelobt worden sein.

Aktiv = eine Person (eine Sache) handelt, tut etwas selbstständig
Passiv = eine Person (eine Sache) „erleidet" etwas, mit jemandem wird etwas getan

Sachwortverzeichnis

5-Schritt-Lesetechnik 19, 20

A

Adjektiv 14, 98
Adverb 14, 98
adverbiale Wendung 16
Akkusativobjekt 98
angemessene Sprache 48
Anrede 18
Anredepronomen 18
Arbeitslosenquote 27
Arbeitslosigkeit 27
Argumente 67
Artikel 14, 98
Artikelprobe 14
assoziatives Denken 25
Attribut 98
Ausbildung 27
Ausbildungsplatz 35

B

Begleiter 16
Begrüßung 48
Beraten 47
Bericht 49, 52
Berichtsheft 53
Berufe 23
Berufsausbildung 24, 27
Berufserfahrung 40
Berufsleben 24
Berufswahltest (BWT) 27, 28
Beschreiben 57
Beschreibung 58
Bewerbung 34, 35
Bewerbungsschreiben 36
Bindewort 14, 98
Brainstorming 24, 25
Bundesagentur für Arbeit 27

C

Charaktere 75
Collage 24, 25
Cybermobbing 82, 83, 84

D

Datensicherheit 82
Demonstrativpronomen 98
diagonales Lesen 19
Diagramm 61
digitale Kommunikationswege 80
digitale Kompetenzen 41
Digitalisierung 81
DIN-Norm 5008 36
Drehbuch 75

E

Eigenschaftswort 14, 98
E-Mail 80
Empfindungswort 98
Ergebnisprotokoll 54
Erörterung 69
erster Eindruck 48
Erzählimpuls 92
Europäischer Lebenslauf 38
Europass 40

F

Fachlagerist/-in 29
Fantasie 89
Feedback 13
Feedbackregeln 13
Film 74
Filmbewertung 74
Filmbewertungsbogen 76
Flexibilität 36
Florist/-in 30
Folienpräsentation 79
Fürwort 14, 17, 98
Futur I 99
Futur II 99

G

Gedicht 96
geistiges Eigentum 85
Geschlechtswort 98
Gesprächsanlässe 45
Gesprächsprotokoll 54
Gesprächsregeln 69
Gestik 13
Grafik 61, 62
Großschreibung 14
Gruppenziel 11

H

Hassrede 82
Hauptsatz 60
Hauptwort 98

I

Ich-Botschaft 13
Indefinites Pronomen 98
Informationsaustausch 44
Inszenierung 75

Interjektion 98
Internetquelle 85
Interrogativpronomen 98

J

Job 24

K

Kleinschreibung 14
Koch/Köchin 30
Kommasetzung 60
Kommunizieren 44
Konjunktion 14, 98
Kreativität 89
Kreativitätstechnik 25
Kritikfähigkeit 75

L

Lebenslauf 38, 39, 40
Lebensvorstellungen 24
Lesen 19
Lesestrategie 19
Lichtbild 35
Liedtext 96

M

Messenger-Dienste 80
Mimik 13
Mindmap 24
Mindmapping 26
Modaladverbial 98
Mündlich berichten 45

N

Nebensatz 60
Nomen 98

nonverbale Kommunikation 13
Numerale 14, 17

P

Paarformel 15
Passwort 82
Perfekt 99
Personalpronomen 98
Personenbeschreibung 59
Perspektive 66, 93
Plakat 10
Plusquamperfekt 99
Possessivpronomen 98
Prädikat 98
Praktikumsbericht 53
Präposition 14, 98
Präpositionalobjekt 98
Präsens 99
Präsentationsprogramm 79
Präteritum 99
Priorität 28
Pronomen 14, 17, 18
Protokollführung 55
punktuelles Lesen 19

R

Recherchieren 77
Rechtschreibung 14
Referat 31
Reflexion 13
Reflexivpronomen 98
Regie 75
Relativpronomen 98
ruhiges Auftreten 48

S

Schaubild 61
Schlüsselwörter 77

Schreiben 89
Schriftlich berichten 49
Sicherheitsrat 62
Skizze 51
Social Media 80
soziale Medien 71
Sprachkenntnisse 41
Statement 69
Steckbrief 8
Stellenanzeige 36
Stellungnahme 67, 69
Stoffsammlung 67
Subjekt 98
Substantiv 14, 98
Superlativ 16
Synergieeffekt 12
Synonyme 90

T

Tagebucheintrag 93
taktile Kommunikation 12
Tätigkeitswort 98
Teamregeln 12
Telefonieren 46
Temporalsatz 60
Text fortsetzen 91

U

Übergabe 46
Überschrift 92
Umstandswort 14, 98
Urheberrechtsgesetz (UrhG) 85

V

Verabschiedung 48
Verb 14, 98

Sachwortverzeichnis

Vereinte Nationen 62
Verhältniswort 14, 98
Verkäufer/-in 37
Verlaufsprotokoll 54
Vierohrenmodell 67
Vorgangsbeschreibung 60
Vorstellung 8

Weltwirtschaft 63
W-Fragen 9, 49
Wir-Gefühl 11
Wortart 14
Wortarten 70
Wortfeld 60, 90
Wunschausbildung 31

Zahladjektiv 17
Zahlwort 14, 15, 17
Zeichnung 51
Zeiten 99
Zeitwort 14

Literaturverzeichnis

Bentin, Margit u. a.: Handbuch für Industriekaufleute, 9. Auflage, Köln: Bildungsverlag EINS GmbH 2021.

Bundesagentur für Arbeit: Berufswahltest (BWT). Welche Berufe passen zu mir?, Juni 2023, abgerufen unter: www.arbeitsagentur.de/datei/dok_ba036880.pdf [01.10.2023].

Europäische Union: Europass – eine bekannte Größe in Europa, abgerufen unter: europa.eu/europass/de/create-europass-cv [01.10.2023].

IHK Braunschweig: Berufe A–Z, Nr. 4114710, Koch/Köchin, abgerufen unter: www.ihk.de/braunschweig/aus-und-weiterbildung/ausbildung/berufe-a-z/koch-4114710 [01.10.2023].

IHK Braunschweig: Berufe A–Z, Nr. 4115660, Florist/-in, abgerufen unter: www.ihk.de/braunschweig/aus-und-weiterbildung/ausbildung/berufe-a-z/florist-4115660 [01.10.2023].

IHK Braunschweig: Berufe A–Z, Nr. 4115696, Fachlagerist/-in, abgerufen unter: www.ihk.de/braunschweig/aus-und-weiterbildung/ausbildung/berufe-a-z/fachlagerist-4115696 [01.10.2023].

Nationales Europass Center (NEC) in der Nationalen Agentur Bildung für Europa beim Bundesinstitut für Berufsbildung (NA beim BIBB): europass - Florian MUSTER, abgerufen unter: www.europass-info.de/bewerberinnen-und-bewerber/ [06.11.2023].

Richter, Klaus: Gutes Deutsch – gute Briefe. 28. Auflage, Braunschweig: Bildungshaus Schulbuchverlage Westermann Schroedel Diesterweg Schöningh Winklers GmbH 2020.

Stettin, Isabel: „Ich mache das Beste aus dem, was mir gegeben ist", in: Spiegel Wissen, Nr. 1/2023, S. 8–9.

SZ/lot/moge/nas/Christina Gutsmiedl/Herbert Scheithauer: Cybermobbing: „Allein kommt niemand aus einer Mobbingspirale raus", in: Süddeutsche Zeitung, 13.10.2022, abgerufen unter: www.sueddeutsche.de/panorama/cybermobbing-jugendliche-schule-eltern-lehrer-praevention-interview-herbert-scheithauer-1.5673802 [01.10.2023].

Wölfel, Ursula: Das Miststück, in: Wölfel, Ursula: Die grauen und die grünen Felder – Wahre Geschichten, Weinheim/Basel: Beltz und Gelberg 2004, S. 73–80.

Bildquellenverzeichnis

Alamy Stock Photo, Abingdon/Oxfordshire: DCPhoto 46.1; Hongqi Zhang 43.2; Zoonar GmbH 43.4.
Bitkom e.V., Berlin: 81.1.
Bundesagentur für Arbeit, Nürnberg: 28.1.
Bundesagentur für Arbeit, www.planet-beruf.de, Nürnberg: 23.2.
Druwe & Polastri, Cremlingen/Weddel: 23.3.
fotolia.com, New York: contrastwerkstatt 46.2; ehrenberg-bilder 43.1, 45.1; Jan Engel 13.1.
Future Mindset 2050 GmbH, Gehrden: 53.1, 53.2.
Hild, Claudia, Angelburg: 9.1, 51.1.
iStockphoto.com, Calgary: 10.1; asiseeit 11.3; dorian2013 12.1; fizkes 7.1; golero 11.2; jacoblund 61.1; SDI Productions 65.3, 69.1; SolStock 70.1; Steve Debenport 8.1.
Lipp, Ulrich, Reisbach: 26.1.
Nationales Europass Center (NEC) in der Nationalen Agentur Bildung für Europa beim Bundesinstitut für Berufsbildung (NA beim BIBB), Bonn: 40.1, 41.1, 41.2.
PantherMedia GmbH (panthermedia.net), München: PeopleImages.com 48.1.
Picture-Alliance GmbH, Frankfurt a.M.: dpa-infografik GmbH 27.1.
stock.adobe.com, Dublin: Ahtesham 88.4; Alex from the Rock 45.2; alotofpeople 24.1; andreiuc88 88.9; Annas, Karin & Uwe 47.1; artepicturas 88.3; Bähren, Sven 49.1; cristovao31 59.1; Daxenbichler, Patrick 88.8; Day Of Victory Stu. 7.5; de Sousa, Rui Vale 59.2; Denis 87.1; DimaBerlin 82.3; Erika 88.13; Filimonov, Iakov 47.3; fizkes 44.1; fotomowo - stock.adobe.com 71.1; Franke, Andreas 33.3, 38.1; Freedomz 7.2; golubovy 73.2, 77.1; Heinz 57.1; HONGWEI 65.4, 68.1; IckeT 73.5, 82.2; Inshyna, Iryna 30.1; Kaiser, Ralf 88.5; Kneschke, Robert 31.1, 47.2, 54.2; Kostic, Dusan 88.11; Kueverling, Heiko 33.2, 35.1; Kzenon 57.2, 96.2; lassedesignen 88.14; Lenslife 88.6; lev dolgachov 9.2; lolya1988 74.1; LStockStudio 73.3, 78.1; magdal3na 58.1; mangpor2004 Titel, Titel; Marco2811 7.4; Mirko Vitali 82.1; peopleimages.com 7.3; peterschreiber.media 23.1, 24.2; Pfluegl, Franz 54.1; PHOTOMORPHIC PTE. LTD. 65.1, 66.1; photophonie 11.1; pict rider 87.3, 91.1; Picture-Factory 19.1; pololia 29.1; Postumitenko, Konstantin 91.2; Rawpixel Ltd. 73.1, 74.4; REDPIXEL 74.2; Ronny Küttner/photoron 51.2; santosha57 88.2; Schweitzer, Elena 88.7; sdecoret 73.4, 80.1; Sinnlichtarts 96.1; Song_about_summer 87.4, 93.1; St-Germain, Nicolas 60.1; strichfiguren.de 65.2, 67.1, 67.2; Studio KIVI 43.3; susanafh 88.10, 90.1; terra.incognita 87.2; Thapana_Studio 33.1, 34.1; trafa 88.12; Trueffelpix 57.3; Voigt, Tanja 87.5, 88.1; WavebreakmediaMicro 46.3; www.peopleimages.com 74.3; Yuliia 30.2.
Süddeutsche Zeitung Grafik, München: „Die Wege des Wohlstandsmülls", Hanna Eiden aus dem Artikel "Weg damit", SZ vom 17.07.2023 63.1.
Zahlenbilder, Bergmoser + Höller Verlag AG, Aachen: 62.1.